Arena dos Bastidores

Edinilson José Kovaleski

Copyright © 2017 Edinilson José Kovaleski

Todos os direitos reservados. Registrado no Escritório de Direitos Autorais da Biblioteca Nacional em 21 de setembro de 2017.

ISBN: 9781708672966

AGRADECIMENTOS

Agradeço primeiramente a Deus pelo chamado e por Sua direção na elaboração deste livro.

Agradeço minha esposa Daniele, artista por excelência, minha melhor amiga e parceira de ministério que completa meu entendimento e visão a respeito do papel apostólico e profético da arte. Trabalhando em equipe, desenvolvemos estratégias para o imprescindível compartilhamento de nossas experiências e aprendizado com outros artistas.

Agradeço minhas filhas Laura, Anna e Sarah pelo suporte e envolvimento em inúmeros projetos e ainda pelo enorme amor que Deus depositou em seus corações.

Agradeço inúmeros amigos e irmãos por seu amor, sua ajuda e por várias formas de suporte. Seria impossível fazer uma lista exaustiva, então preferi não mencionar nomes para não ser injusto.

CONTEÚDO

Introdução

1. Criados para criar — 1
2. A busca do artista — 10
3. Levitas e levitações — 18
4. Crença nas artes — 25
5. Arte crista hoje — 32
6. Teatro, ator e métodos — 44
7. O método MAI — 53
8. Aplicação prática — 72
9. O artista e o tempo — 81
10. Camados e realizações — 86
11. No pain no gain — 93
12. Dramaturgia — 97
13. Fechando as cortinas — 151

Bibliografia

INTRODUÇÃO

Arte é o retrato da alma, realizado com a câmara dos sentidos, revelado na química do entendimento, exposto no museu da memória e somente apreciado plenamente com um olhar espiritual. Arte dramática é esse retrato em movimento.
O artista espiritual deve discernir arte como tal e o processo de criação pode e deve ser resultado desse exercício de discernimento. Assim o ator, ou atriz, podem trazer sopro de vida e de realidade à personagem. Algo comparável à composição com nervos, músculos, tendões, veias e pele sobre os ossos secos da visão de Ezequiel. A proposta desta obra é contribuir apontando um caminho possível para isso.

Inicialmente este livro deveria ser dirigido a atores, diretores, autores e roteiristas de teatro, cinema e TV. Ele apresenta uma visão e um método ampliado para ajudar o ator na criação do papel e formação da personagem. No entanto a criatividade e inspiração devem ser ilimitadas e por isso Deus a ampliou. À medida que fui trabalhando neste livro, fui obrigado a buscar revelação bíblica e fui entendendo que o cerne do que é tratado aqui serve para todos os artistas. Certamente isto não é um manual exaustivo para estabelecer processos de criação, mas uma proposta de trabalho baseada em uma visão surpreendente acerca do papel profético do artista.

Que estas páginas sirvam de inspiração para quem busca delinear sua identidade como artista. Também que possam contribuir para ativação de dons e talentos que devem ser desenvolvidos e postos a serviço do Reino.

Apesar de haver ministrado aulas de teatro e ensinado algo da Bíblia para algumas pessoas, estou muito aquém do nobre papel de professor. Se com este livro eu tiver conseguido transmitir algum conhecimento ou despertar a curiosidade de algum artista para seguir aprendendo, já me sentirei recompensado. Como disse certa vez o militar e político Henrique de Beaurepaire-Rohan (1812-1894), que foi Presidente da Província do Paraná e Ministro da Guerra, "A arte de transmitir o pensamento, se não é, como pretende Duclos[1], a mais difícil das artes, é certamente aquela que, depois do dom da palavra, melhor abona a superioridade do ente que Deus criou à Sua imagem." [N.A.: (1) Referindo-se provavelmente a Charles Pinot Duclos, historiador, escritor e enciclopedista francês (1704-1772)].

Comecei estas páginas no ano de 2010 em Foz do Iguaçu, PR. Após dois anos sem avançar, retomei este projeto em 2015 em uma viagem à Califórnia. Finalmente com a graça de Deus e entendendo que muitas informações recentes deveriam estar aqui, reorganizei e concluí em Curitiba em 2017, como um presente de aniversário de 17 anos de minha primeira filha. Enfim, os caminhos de Deus são maiores que os nossos. Que Ele o abençoe em sua leitura.

1 CRIADOS PARA CRIAR

A palavra grega poiema, transliteração de poivhma, presente em Romanos 1:20 e em Efésios 2:10, assim como em Hebreus 12:27, significa algo como aquilo que foi feito ou tem sido feito, como uma obra do Deus criador. Na tradução de Almeida foi traduzido como "feitura", ou seja, uma espécie de obra de artesanato ou algo feito, como um poema.
Em Romanos a alusão seria à Igreja como um todo. A palavra poiema tem um sentido muito amplo, vai além de "coisas criadas" ou "coisas feitas"
No versículo 15 do capítulo 2, a carta aos Efésios fala sobre a criação de um só e novo homem a partir de Cristo Jesus, a palavra grega usada para o verbo criar é ktizo, de ktisis, que significa fundar ou estabelecer no sentido de fazer algo do nada. A tradução para novo é kainos, que significa novo "em qualidade" que é diferente de neos que significa algo novo no tempo. Kainos seria algo totalmente inédito distinto e original. Enfim, o homem é criação neos de Deus. A mulher é criação poiema de Deus (Gn 2:22). O Cristo é ktisis de Deus. A igreja seria criação neos e ao mesmo tempo poiema de Deus.
A Criação é produto da Palavra, de uma ordem, de um som. Em todo o processo, estão presentes as expressões: "Disse Deus: Haja (...)" e "Chamou Deus (...)". Primeiro o verbo, depois a materialização da criação.
O conceito bíblico de criação é amplo e maravilhoso em seu significado. Deus a tudo formou e nos criou à sua imagem e semelhança.
Por mais que tenhamos caído pelo pecado como criaturas, entende-se que alguns atributos da imagem e semelhança em relação ao Criador ficaram. Em Gênesis 2:19-20, o homem é chamado a ser criativo, nomeando os seres criados. Um exemplo eficaz de criatividade foi o dos empreiteiros da torre de Babel (Gn 11). Deus os embaralhou e redistribuiu em diferentes idiomas, pois o poder dessa unidade criativa rebelde poderia complicar as coisas.

Falando especificamente de artistas, citados na Bíblia como tal, temos os construtores do tabernáculo e da arca da aliança; os compositores, cantores e poetas dos Salmos; os visionários Profetas; os escribas narradores e contadores de histórias; etc. No livro do Êxodo 35:30-35, o próprio Deus chama os artistas pelo nome para trabalhar na feitura do Tabernáculo. O Senhor Jesus foi maravilhosamente criativo nas ilustrações dos mistérios do Reino, empregando a metáfora e a alegoria nas parábolas.

Creio que o homem possuía muitos mais atributos criativos antes da queda, acerca dos quais podemos apenas inferir. Podemos tentar abstrair sobre o pacote completo que estaria disponível a nós conforme o plano original. Entretanto ainda restarão atributos naturais, afinal somos geradores de vida biológica e criaturas criativas de Deus.

A verdade de Deus está impressa no coração do homem e é revelada em plenitude após a reconexão com o Pai, como vemos em Romanos 1:19-22:

> *"... **Porquanto o que de Deus se pode conhecer neles se manifesta, porque Deus lho manifestou**. Porque as suas coisas invisíveis, desde a criação do mundo, tanto o seu eterno poder, como a sua divindade, se entendem, e **claramente se veem pelas coisas que estão criadas**, para que eles fiquem inescusáveis; Porquanto, tendo conhecido a Deus, não o glorificaram como Deus, nem lhe deram graças, antes em seus discursos se desvaneceram, e o seu coração insensato se obscureceu. Dizendo-se sábios, tornaram-se loucos."*

Entre esses atributos estaria o de gerar ideias, de construir algo sobre essas ideias e fazer com que o logos ou o verbo sejam materializados. Gênios como Bach, Donatello, Cervantes, Michelangelo e Shakespeare são bons exemplos. A criatividade faz parte do pacote que nos caracteriza como imagem e semelhança de Deus e está presente no homem natural. Entretanto, sem a conexão com o Pai, o artista fica suscetível à carne corrupta, à alma doente ou à influência satânica.

Essa conexão estreita com o Pai é o que vejo em toda a obra de Johann Sebastian Bach. O historiador Paul Jonhson dedicou um capítulo a esse gênio. É impossível ouvir a cantata "Herz und Mund und Tat und Leben" ("Coração e Boca e Ação e Vida") ou a Suíte número 3 sem se emocionar e se conectar com o Pai. Ele merece cem livros sobre como compor música para Jesus. "Quem tem ouvidos, ouça o que o Espírito diz às igrejas" (Ap 2:7)

O problema da bastardia

O artista é incansável lutador que em suas batalhas contende inclusive com a própria alma. Em muitos casos uma alma de Don Quijote ferido. O ser humano quer ser reconhecido. No fundo todo homem quer ouvir a aprovação de um pai. Um dos pontos máximos dos evangelhos é a afirmação do Pai sobre o Filho logo após o batismo no Rio Jordão. Sem a conexão com o pai somos todos órfãos, porém há uma terceira e pior situação. E muitos artistas sofrem o problema. Entendo que muitas das grandes obras literárias tratam da busca pela resolução desse que é o maior problema da humanidade: a bastardia.

Grandes homens desperdiçam suas vidas em busca de padrastos mancos. As religiões em geral ou as vertentes gnósticas chamam Deus de muitas coisas ou de nada. Chamam-no de "grande arquiteto", de "força", de "energia", de "todos-nós-juntos", e alguns até mesmo de "senhor" ou ainda de "O Deus" ou "divindade", mas somente Jesus o chama e o confirma como PAI. Através dele somos adotados e reconhecidos por esse Abba. Mesmo assim muitos filhos relutam em relacionar-se com o Pai e lutam contra moinhos de vento. Alguns filhos que foram designados a cortar patas de dragões dedicam-se a lutar contra os próprios familiares. Num complexo de Eustáquio, correm o risco de morrer pois se tornaram, eles mesmos, em dragões. O filósofo alemão Friedrich Nietzsche escreve uma frase excelente em seu livro "Para além do bem e do mal. Prelúdio a uma filosofia do futuro" (Jenseits von Gut und Böse. Vorspiel einer Philosophie der Zukunft):

"Quem luta com monstros deve velar para que, ao fazê-lo, não se transforme também em monstro. E se tu olhares, durante muito tempo, para um abismo, o abismo também olha para dentro de ti."

Ironicamente, o próprio filósofo, crítico do Evangelho, na sua insanidade final, ora cria que era Dionísio ora cria que era Jesus. Cumpriu a própria profecia ao transformar-se nos "monstros" que perseguia. Indícios de um gênio que preferiu a bastardia à filiação.

Deus quer dar novos brasões a filhos guerreiros com Suas insígnias, basta que esses desistam da bastardia com ou sem padrastos.

> *Hebreus 12:5-8: "E já vos esquecestes da exortação que argumenta convosco como filhos: Filho meu, não desprezes a correção do Senhor, e não desmaies quando por ele fores repreendido; porque o Senhor corrige o que ama, e açoita a qualquer que recebe por filho. Se suportais a correção, Deus vos trata como filhos; porque, que filho há a quem o pai não corrija? Mas, se estais sem disciplina, da qual todos são feitos participantes, sois então* **bastardos**, *e não filhos."*

Somente os filhos têm autoridade contra os dragões. Creio que a capacidade de abstração e inspiração deveria sofrer uma melhoria exponencial em um artista que é filho, com a adição de poder sobrenatural para a criação de uma tela, de um roteiro, de uma obra arquitetônica ou de uma sinfonia. Com a nova condição de filho resgatado por Jesus e orientado pelo Espírito Santo, já não somos mais limitados. É impossível seguir no mesmo padrão. Como cidadãos do Reino, a base cultural muda. O processo de criação artística sob nova orientação ressurge sob essa perspectiva, principalmente como poiema, como algo que pode ser melhorado, transformado e evoluído. Justificados, devemos evoluir da aurora até o sol do meio-dia. Provérbios 4:18 diz, "Mas a vereda dos justos é como a luz da aurora, que vai brilhando mais e mais até ser dia perfeito". Assim é também com nossa arte. O mapa desse caminho das pedras está descrito em Isaías 58:6-10, de forma que ao praticar o verdadeiro jejum, sua luz resplandecerá como a alva (v.8) e sua escuridão será como o meio-dia (v.10).

Como criaturas e criadores simultaneamente, o que criamos deve seguir o mesmo caminho redentor para que possa refletir a mesma luz, aumentando em intensidade pelo nosso polimento. Pressupomos então que nossos empreendimentos artísticos deveriam ser excelentes. Parafraseando um comercial antigo de TV, poderíamos dizer que "nossos artistas são melhores que os artistas dos outros", ou pelo menos deveriam estar acima da média. Seria excelente, mas infelizmente não é o que ocorre na prática.

O sagrado e o profano

Muitos artistas cristãos com o tempo perdem a essência ou se tornam religiosos. Penso que a causa principal é uma ideia errada que pode afetar a qualquer outro profissional: Uma divisão religiosa da vida entre sagrado e profano - ou secular.

Quando entro nesse assunto com alguns públicos, gosto de brincar citando o fato de que durante um tempo, em Curitiba, eu ouvia apenas músicas seculares no meu carro. Era uma rádio de orientação cristã que tocava somente músicas com mais de cem anos de idade.

Uma piada infame para iniciar um assunto incômodo.

Em São Paulo conhecemos uma médica cristã, filha de um Pastor e advogado. Perguntei a ela se seu pai exercia a segunda profissão. Respondeu que "em hipótese alguma ele voltaria a advogar". Imaginei que o impedimento fosse a cansativa atividade pastoral. Não era. Afirmou que quando ele havia sido ordenado tivera que abdicar da advocacia pois seria incompatível com sua nova vida. Acrescentou que "todo advogado tem que mentir", portanto, sendo pastor, ele não poderia mais mentir". Infelizmente nesse momento ela ainda não havia se deparado com o texto bíblico que diz que Jesus é nosso advogado.

O ser humano tende a repetir o círculo vicioso de sacralizar o profano por medo de profanar o sagrado; e vice-versa.

Se dividir a convivência social em duas bandas, o cristão fatalmente irá banalizar o sagrado, pois assim o seu relacionamento com Deus se transforma em uma "área" da vida. Isso nos remete à ideia progressista do "objetivo do milênio" e suas "'n' maneiras de mudar o mundo". Isso está baseado num conceito de desenvolvimento humano em áreas ou departamentos da sociedade. Essas áreas seriam: mental, **espiritual**, física, emocional, social, financeira e profissional. É comum verificar um conceito parecido em alguns grupos gnósticos, onde também se atribui título de "área" ou "departamento" à família e à religião. Há uma tendência social recorrente em dividir a vida humana entre secular e religiosa.

Uma outra coisa é o entendimento óbvio de que a Igreja precisa influir na sociedade. Isso é correto, genuíno e bíblico, pois os discípulos de Jesus devem ser "sal da terra e luz do mundo", mas talvez a igreja careça de mais revelação e sabedoria para conceituar o "como fazer". Se pertenço efetivamente a Cristo, tudo o que eu empreender deverá ocorrer sob uma cosmovisão escriturística, pois "já não vivo eu, Cristo vive em mim".

Os conceitos bíblicos de família-lar e religião-igreja são básicos de um ambiente corporativo do Reino de Deus. Compõem uma base preparatória essencial, com centros de treinamento de oficiais para a batalha e para um lançamento apostólico no sentido original da palavra. São um QG espiritual e não "áreas". Biblicamente o binômio família-igreja é uma incubadora por excelência de filhos que nascem de novo e uma academia para treinar aqueles adultos espirituais que Ele mesmo constituiu para apóstolos, profetas, evangelistas, pastores e mestres.

A Lei Mosaica foi uma projeção do que deveria ser uma organização do Reino. Houve de fato um governo teocrático com o juiz e legislador Moisés, baseado em uma organização social, política, econômica e jurídica. A Lei versa sobre todas as áreas da sociedade incluindo até mesmo regras de higiene. A diferença era a existência de um grupo sacerdotal ordenado por Deus. Hoje, porém, todos nós somos chamados ao sacerdócio. Não existe uma "área" da nossa vida chamada "espiritual", isso é a base mesma do governo do Reino. Seria quase o mesmo que ter um departamento de "medicina" em um hospital. Carece de sentido.

É importante incentivar sempre uma reflexão bereana das Escrituras e uma análise crítica das correntes de pensamento presentes na sociedade. O crente precisa aprender a pensar por si próprio, sem muletas intelectuais. Para um artista esse é um atributo essencial.

Quem entende sua identidade em Deus está mais apto a discernir espiritualmente onde uma sociedade pode melhorar pela invocação de Sua presença e a consequente geração de um novo ambiente. Igualmente será mais fácil compreender os mecanismos do Reino e o fato de que o mundo espiritual é mais real do que o físico. A renovação da mente constrói essa

cosmovisão que é expressa pelo comportamento e pode sim provocar uma renovação cultural. Essa nova cultura gera um ambiente de paz que excede a todo entendimento e esse ambiente é propício à manifestação do sobrenatural. Gosto da expressão "cultura do Reino" usada por alguns líderes.
Entender tempos, estações e florescimentos de árvores será uma consequência espiritual. Se não abstrairmos essas bases estaremos apenas transitando entre sistemas religiosos e certamente será decepcionante. Ao banalizar o sagrado, arriscamo-nos a cair na armadilha humanista de recriá-lo com as próprias mãos. São os novos bezerros de ouro e com eles o profano é sacralizado.

Sem amor, nada seríamos

Quando perguntaram a Jesus (em Mateus, 22:34-40) qual era o grande mandamento na Lei, Jesus respondeu:

> *"Amarás o Senhor, teu Deus, de todo o teu coração, de toda a tua alma e de todo o teu entendimento. Este é o grande e primeiro mandamento." (v.37-38)*

Na pergunta dos fariseus a palavra grega para grande é megas, que quer dizer grande mesmo, superlativo, enorme. Na resposta de Jesus a palavra é a mesma, megas e acrescenta: "e protos", ou seja, grande e primeiro em honra e importância.
A seguir Jesus acrescentou:

> *"O segundo semelhante a este, é: Amarás o teu próximo como a ti mesmo. Destes dois mandamentos dependem toda a Lei e os Profetas."*

Aqui Jesus resume toda a doutrina bíblica. Seguindo na mesma reunião com os fariseus (capítulo 23), Jesus aprofunda como em nenhum outro lugar a explicação e o entendimento de quem Ele é e a que veio; portanto os mestres da Lei deveriam reconhecê-lo. A maioria, porém, não entendeu. Game over para eles!
A palavra grega usada em "amarás" é agapao, ou seja, o amor ágape que não temos naturalmente e que é gerado em nós pelo Espírito Santo. Nenhum desses fariseus ousou, em nenhum momento, questionar os dois mandamentos como primeiro e segundo ou como o conjunto do Grande Mandamento do qual depende todo o resto.
Todo nosso coração, alma e entendimento devem estar assignados para amar a Deus primeiro e ao próximo automaticamente, transbordando. O resto é o resto. Ao buscar isso, tudo que somos e tudo que fazemos passa a ser sagrado em nossa vida. O profano não será mais sacralizado, pois

simplesmente deixa de intercambiar conosco. Todas as ações são consequentemente consagradas. Isso é impossível unicamente por ação humana. Por isso iniciamos o processo correspondendo a Deus e buscando-o de todo coração, alma e entendimento. O resto é ação Dele. Ele sempre proverá o Cordeiro. Isso tem total relação com o ofício artístico, pois devemos gerar algo para receber a novidade de Deus.

Muitos artistas cristãos, principalmente de teatro e dança, com boa-vontade e boa-fé tentam realizar algo com excelência em suas igrejas e é comum serem sufocados pela ignorância dos demais em relação à sua arte. O outro extremo é quando são levados ao ativismo ou a cumprir uma agenda voltada a modelos empresariais de crescimento. Decepcionado com a falta de qualidade e de entendimento no meio eclesiástico, o artista desiste da arte, da comunhão ou de ambas.

Talvez por contarem com uma aceitação litúrgica de sua atividade, músicos e cantores têm menos problemas técnicos. Porém, se forem cegos guiados por outros cegos, igualmente cairão no buraco. Basta mais um empurrãozinho para o próximo abismo. Daí em diante alguns artistas banalizam o sagrado ou ficam com a mente cauterizada; e passam a acreditar que qualidade artística existe somente fora do âmbito "gospel", onde exercem sua profissão com mais afinco e liberdade. Há outros que simplesmente tornam-se bons hipócritas, adotando uma vida dupla.

Hoje existem algumas comunidades que tacham como religioso a qualquer um que não exiba ao menos duas tatuagens e um piercing. É uma tragicômica reinvenção da própria religiosidade dos usos e costumes.

Outro sintoma que parece um calo espiritual no Corpo foi o estabelecimento de um padrão musical que é cumprido religiosamente (sim, é intencional) nas igrejas: a formação de bandas para o gênero pop-rock, com bateria, guitarra, baixo e teclado. Essas bandas executam a tradicional sequência musical de boate, conforme ouvi de um profeta: "três rápidas e duas lentas" diz ele.

Sinto falta de jazz, blues, samba, bolero, ritmos orientais e diferentes instrumentos de corda, sopro, percussão. Com certeza nossos músicos e compositores não são tão limitados e não precisariam cercear sua criatividade por essa regra não escrita de modelo a ser seguido.

É importante registrar aqui que não tenho nenhum problema pessoal com o gênero pop-rock. O que questiono é um padrão imposto seja por facilidade, banalização ou simplesmente por religiosidade velada.

Religiosidade é pecado perigoso e se espalha como a gripe dentro de um grupo. O artista é capacitado para detectar esse problema. Sua responsabilidade é enorme. Podemos comparar com o diferencial de responsabilidade entre um cidadão comum e um policial. Qualquer deles ao envolver-se em crimes sofrerá consequências, mas no caso de um policial o peso para a sociedade é muito maior. O mesmo ocorre com quem exerce um ministério descrito em Efésios 4. O artista exerce papel profético por excelência. Se não profetizamos o Deus Pai da Bíblia, profetizaremos a natureza adâmica ou os deuses pagãos citados na mesma Bíblia.

A responsabilidade em cumprir com excelência um mandato designado por Deus nos remete à vida de Salomão. Quando este quis ofertar a Deus no episódio da construção do templo, entendeu que deveria fazer o melhor e fez. Quando moço pediu a Deus sabedoria para conduzir Seu povo. Foi excelente no governo e, ainda assim, por abusar do poder advindo dessa sabedoria, terminou mal. Paulo, como outro exemplo, não quis um relacionamento medíocre com Deus. Foi O apóstolo. Custou caro, mas sua carreira como embaixador foi intensa e produtiva até o debriefing final onde declarou que havia combatido o bom combate.

Artistas para a boa obra

Um erro comum no qual incorremos é o de tentar classificar psicologicamente as pessoas pelas suas funções, dons ou competências. Existe uma fórmula quase zodiacal de análise psicológica baseada em quatro temperamentos. Dentro dessa análise simplista tem gente que cataloga o artista em geral como "melancólico" e essa ideia equivocada atrapalha ainda mais nosso meio de campo.

Seguindo por essa linha, seria preferível buscar algo mais profissional. Existe um sistema de avaliação chamado Perfil Caliper, método criado pelo Dr. Herb Greenberg. Esse sistema avalia cerca de trinta traços de personalidade e suas combinações oferecem várias possibilidades permitindo identificar conjuntos de competências para ajudar pessoas a exercer funções de gestor, líder, vendedor ou técnico. E isso funciona.

Através dessa ferramenta pude comprovar cientificamente minha conversão. Parece loucura, mas quando a psicóloga fez minha devolutiva, apontou um fato inusitado. Segundo esses profissionais, os traços de personalidade estão todos formados após os vinte anos de idade e raramente mudam, a não ser como resultado de algum fato profundo e marcante. A devolutiva revelou que alguns dos meus traços haviam sido modificados, aproximadamente, havia cinco anos; principalmente o traço da empatia. Isso coincidiu exatamente com a tempo decorrido desde minha conversão até aquela data.

Esse processo ajudou-me a entender alguns traços de minha personalidade e a encontrar formas de me aperfeiçoar inclusive como obreiro artista.

Temos uma identidade como filhos de Deus e Ele quer trabalhar nossa personalidade e caráter. Acho triste ver um irmão atrelando sua identidade à uma função, seja ela qual for. Conheci um líder que cria que sua identidade passou a ser a de "pastor" quando fora ordenado para isso. Se seguirmos sua lógica, então ele ficará sem identidade quando não houver mais ninguém para pastorear e as almas forem devolvidas ao verdadeiro dono, o Bom Pastor? É isso?

Como novas criaturas devemos entender para que fomos recriados. A visão do Pai para Seus filhos vai além das possíveis funções a serem exercidas. Seus filhos foram criados para criar. Como membros da Família Real temos que estar preparados para as funções mais agradáveis assim como para as mais difíceis, que exigem maior sacrifício. Quando ocorria uma batalha nos reinos medievais, os príncipes e os nobres eram os que se posicionavam à frente do exército. Davam a cara à tapa e não terceirizavam essa tarefa a neófitos. Quem tem ouvidos para ouvir, ouça o que o Espírito diz à Igreja. *Noblesse Oblige*!

Somos Filhos, Sacerdotes Reais e Geração Eleita. Temos um passaporte emitido pelo Departamento de Imigração da Jerusalém Celestial e automaticamente passamos a ter o status de "estrangeiros em terra estranha". Mas enquanto estamos aqui temos que iluminar e salgar, independente do nosso status migratório ou cidadania. Devemos nos alegrar, pois Jesus venceu e por isso recebemos autoridade e poder do Consolador. Pelo Espírito Santo podemos obter sabedoria para falar e agir, capacidade para gerar uma atmosfera onde Jesus reina, através da criatividade sobrenatural e dos dons. Devemos realizar tudo isso com excelência como feito para o Senhor. Sem mais delongas, mãos à obra, artistas do Reino!

2 A BUSCA DO ARTISTA

Se o ser humano tem uma inclinação natural para ser criativo, o artista tem uma ânsia particular em buscar o bom, o belo e o verdadeiro. Essa busca na Filosofia é chamada de estética. Estética vem do grego aisthésis, que significa algo como sensibilidade ou percepção. O objetivo é o estudo da origem da beleza e da arte. Seria uma percepção especial do que é a conceituação de beleza. Automaticamente essa mesma percepção também identifica o que é ruim, feio e falso. Paulo dá um conselho excelente aos Filipenses, no versículo 8 do capítulo 4:

"Finalmente, irmãos, tudo o que é verdadeiro, tudo o que é respeitável, tudo o que é justo, tudo o que é puro, tudo o que é amável, tudo o que é de boa fama, se alguma virtude há e se algum louvor existe, seja isso o que ocupe o vosso pensamento."

Esse é o conjunto de adjetivos para as coisas que merecem nossa atenção e que estão relacionados à estética. No versículo anterior a este, Paulo diz que a paz que excede a todo entendimento estaria guardando as suas mentes e corações, após ter aconselhado aos irmãos que se alegrem sempre no Senhor. O contexto sugere fazer isso sob qualquer circunstância. O artista pode ter um senso estético natural ou aprendido, mas o aguçamento dessa percepção depende de um exercício de busca por tudo o que é verdadeiro e tem virtude; e isso deve ultrapassar as circunstâncias. O artista precisa de constantes contatos com a realidade, pois se o mesmo não tiver contatos tão profundos a ponto de atingir a sua própria realidade, não conseguirá expressar algo genuíno. Normalmente os artistas entendem isso somente no modo anímico.

Vinicius de Moraes diz em uma de suas canções que "o bom samba é uma forma de oração" e diz que "pra fazer um samba com beleza é preciso um bocado de tristeza". Muitas outras letras de Samba ou de Blues contam as mazelas de alguém, expõem as tristezas de forma genuína. Por isso são compreendidas pelo público. Admiro também a forma autêntica pela qual cantores como Elton John e Cat Stevens expressam em algumas canções os sentimentos de uma alma aberta e ferida. No entanto, por esse caminho, artistas como eles somente chegam a um estágio intermediário, não discernindo o destino final da culpa, que são as profundezas do mar. A passagem para essa viagem sem volta só pode ser comprada com perdão. O desconhecimento da redenção e do perdão os impede de resolver a culpa e a tristeza. Por isso muitos são dependentes de drogas químicas ou orgânicas, como a maconha. A droga esconde o problema e supostamente preenche esse vácuo.

Para avançar além do modo anímico é preciso ter coragem pois, para isso, o artista vai dar de cara com Deus, que vai desmascará-lo ou com o diabo, que vai roubá-lo ou perverte-lo.

Cada vez que a humanidade foge do Criador, a arte sofre. Sem uma educação que resgate o imaginário dos grandes dramas humanos, é impossível produzir um artista completo e espiritual. As reconexões dos artistas com Deus aparecem ciclicamente e sempre através de alguém que tenha o mesmo espírito do levita Jaaziel. Quero crer que foi o caso de C. S. Lewis, um homem com alma de artista e com o espírito conectado ao Pai.

O irlandês Clive Staples Lewis (1898–1963) foi um dos grandes intelectuais do Século XX e seguramente um dos escritores mais influentes da sua época. Ele foi professor de Literatura Inglesa na Universidade de Oxford até 1954, quando foi eleito por unanimidade como titular da cadeira de Literatura Medieval e Renascentista da Universidade de Cambridge, cargo esse que ocupou até sua aposentadoria. Escreveu mais de trinta livros, inclusive "Cristianismo Puro e Simples", considerado como um dos 50 livros mais influentes do pensamento evangélico no pós-guerra. Todavia ficou mais conhecido pela obra "As Crônicas de Nárnia" (The Chronicles of Narnia), que arrebanha novos leitores até hoje e que inspirou uma trilogia cinematográfica. As Crônicas de Nárnia são classificadas normalmente como literatura fantástica. A saga dos quatro irmãos pelo universo paralelo de Nárnia e seu relacionamento com personagens associados às mitologias greco-romana e nórdica é permeada e baseada em valores éticos cristãos. É imponente e impressionante a representação de Jesus projetada na personagem Aslam. A criatividade de Lewis é esplêndida e mostrou pela primeira vez, em pleno Modernismo, que Deus é galardoador dos artistas que O buscam. Os recursos cinematográficos deste século são capazes de transmitir às novas gerações a mesma emoção imaginativa da época em que as histórias foram escritas e quando até adolescentes liam livros.

A arte é profética

Toda expressão artística profetiza, mas para que essa ação seja genuína, o artista deve entender o significado de ser profeta ou de profetizar. Jesus foi o cumprimento da maior profecia descrita em Gênesis; o Verbo que se fez carne. Mais de trezentas profecias apontavam para o Messias e Ele mesmo foi o maior Profeta. O Senhor Jesus profetizou para a mulher samaritana que lhe deu água, que viria o tempo em que os verdadeiros adoradores adorariam o Pai em espírito e em verdade (Jo 4:23).

Muitas vezes um artista profetiza claramente da parte de Deus sem se dar conta e sem conhecê-lo, afinal Ele é soberano. Na linda canção "Sonho Meu" o compositor Paulinho Moska diz ao seu sonho: "vai buscar quem mora longe,...". Eu sempre gostei dessa letra com uma profecia enviesada. O sonho de Deus é buscar os que moram longe Dele. Há um lamento genuíno na parte em que diz: "no meu céu a estrela guia se perdeu / A madrugada fria só me traz melancolia".

Existe um desejo inconsciente no ser humano por reencontrar algo, por ser achado, resgatado, redimido. Isso está presente em muitas obras artísticas e em todas as culturas.

Na pintura "Os comedores de batata" o realismo de Van Gogh não inspira rudeza ou revolta por uma situação de penúria. Foi justamente postado frente a essa obra que dediquei mais tempo. Fui transportado ao momento em que o pintor o fez. Foi algo espiritual, pois por alguns minutos parecia que eu não estava no Van Gogh Museum na Amsterdam de 2010, mas sim na própria casa do artista na cidade de Neunen em 1885. Vi uma beleza esplêndida naquela tela, que o próprio Van Gogh não queria que víssemos. Os camponeses comem com a tranquilidade dos que são dignos do seu salário. Como comentado por seu irmão Theo, parece que foram pintados com o barro do próprio campo. É como se o artista os tivesse feito voltar ao pó. Nas expressões e olhares buscam-se uns aos outros. A única pessoa que parece olhar para a refeição é a menina cuja expressão facial apenas imaginamos. Existe um clima de aliança selada pelo momento da refeição. Uma cumplicidade entre eles que nos incomoda como se fôssemos observadores indesejados e, ao contrário do que sugeriam alguns críticos, o pintor não transmite ideia de resignação a uma sofrida vida campestre, mas de uma realidade satisfatória inalcançável para os - lato sensu - "burgueses", para os urbanos. O camponês pode estar mais próximo das revelações espirituais por comer diretamente do fruto de seu trabalho.

Se tem algo que aprendi na minha caminhada com Jesus foi entender, através de minha origem caipira, alguns sinais proféticos do que viria. Parafraseando a canção de Moska, fui achado pela Estrela da Manhã. No meu céu a estrela-guia foi achada. E não era um vaga-lume. Entendo que assim como fomos criados para criar, também o fomos para sonhar. Projetados para sonhar e reproduzir os sonhos de Deus. No meu relacionamento interiorano com plantas e animais eu sonhava e interagia com a liberdade de quem tem o mundo em suas mãos. Com uma liberdade de filho e herdeiro. Não sei muito como explicar essa agradável sensação de liberdade. Talvez um dia eu consiga transferir isso a uma personagem alter ego. Quando fui achado pelo Pai comecei a ter a revelação dessas sensações por finalmente ver-me como filho.

Assim como Freud avançou em seus estudos até um ponto onde de fato desvenda os segredos da alma humana, entendo que muitos artistas também avançam até um ponto onde expressam o máximo do que a alma consente. Porém, tanto estes quanto aquele, seguem o suficiente até se deparar com o abismo da culpa. Os psicólogos podem solucionar isso de alguma forma transferindo a culpa a outros, preferencialmente aos progenitores. Os sociólogos podem transferi-la para outros grupos sociais, étnicos ou geracionais. Já os artistas tendem a absorvê-la através da empatia e extravasam em abstração, lamento ou rejeição. Saltam nesse abismo com uma asa-delta chamada estética, sendo os únicos capazes de ensaiar modelos de redenção.

Quando há uma transição de uma ideia geral para a revelação específica da redenção em Jesus, ou seja, quando o artista se converte ou tem uma epifania, o choque inicial faz com que este rejeite sua arte ou a anule. Daí, alternando sofridas revelações com refrigerantes desvelos. A partir desse reinício de vida e verdade, o próprio artista e sua arte carecem de ser reinventados ou redescobertos.

Terra da Graça

Quando em junho de 2012 tivemos a oportunidade de visitar a cidade de Memphis, TN, não pude resistir em buscar um pouco das origens do Rock, do Soul e do Blues. Buscamos nos museus, nos clubes e bares da Beale Street, no clima da cidade e na sua comida típica. Creio que resgatamos alguma informação. Uma visita obrigatória foi a Graceland, o complexo de museus sobre a história de Elvis Presley, o que inclui seus carros, aviões e casa. O acervo é enorme e sua casa intacta como se o tempo tivesse parado em 1977 chega a ser assustadora. A impressão que se tem é de que você voltou no tempo, pois até alguns eletrodomésticos e o sistema de CFTV da época funcionam perfeitamente. Mas minha atenção estava voltada principalmente para as revelações que poderíamos ter ali a respeito do artista, quase como um "Indiana Jones" espiritual que descobre a informação oculta até numa pedra. A intenção era transcender toda a informação explícita e as críticas externas a respeito do rei do rock. Uma das informações mais distorcidas entre os cristãos é a de que a causa mortis seria o uso de drogas, levando-nos à falsa ideia de uso de entorpecentes. Apesar de que alguns cliques na internet dissolvem essa dúvida, o mito e o preconceito ficaram entre muitos crentes por pura ignorância e desinformação. Elvis tinha alguns problemas de saúde, entre eles uma disfunção do cólon que lhe provocava muitas dores. Numa época de lançamento comercial indiscriminado de medicamentos nos EUA, muitos efeitos colaterais pelo uso prolongado ainda eram desconhecidos. Segundo alguns biógrafos do artista, ele teria herdado a hipocondria de sua mãe. Isso, associado à conivência ou comodismo de seu médico pessoal, teria agravado o uso indiscriminado de medicamentos o que realmente pode ter acelerado seus problemas de saúde e causado, consequentemente, sua morte prematura. Quanto ao uso de drogas ilícitas, Elvis era um crítico ferrenho. Não compactuava de forma alguma com a apologia ao uso de drogas que muitos artistas já faziam na época.

Esclarecido isso, é de conhecimento público o relacionamento de Elvis com a música de autoria cristã. Quando criança, ele acompanhava o coral da igreja Assembleia de Deus. Em praticamente todos seus shows cantava no mínimo uma canção de louvor. Os únicos dois prêmios Grammy que recebeu foi como cantor gospel. Financiou no mínimo quatro grupos de música cristã, entre eles o famoso "Million Dollar Quartet". Existe um documentário que aborda essa parte da história de Elvis, "Tocou-me" (He Touched Me, 1999). Além da música cristã, foi influenciado pelo country, pela música clássica, pela ópera e, obviamente por toda a cultura musical norte-americana que o rodeava.

Bem, tudo isso é história conhecida. Eu estava ali minerando algo novo e espiritual. Como todo bom minerador paciente, achei algumas pepitas. À medida que circulávamos pela casa, Daniele e eu fomos pedindo a Deus por carga intercessora, dentro do entendimento que trata este livro. Lembramos de crianças com vida difícil, mas que ao mesmo tempo que são sensíveis a Deus. Lembramos de pessoas que foram incompreendidas e abandonadas por seus cônjuges. Lembrei dos atos de justiça e caridade ocultos praticados por pessoas como meu avô. Lembrei de pessoas que se transformam em workaholics para fugirem de problemas pessoais mal resolvidos. Mas sobretudo lembramos de pessoas que, independente de prática religiosa externa, sempre buscaram a Deus. Até que me aproximei de seu túmulo ao lado da piscina e, vendo o jazigo ao lado do dele, lembrei que Elvis perdera um irmão gêmeo logo após o nascimento. Nesse momento eu tive um choque.

Lembrei de um processo no qual passei por uma cura espiritual de um problema que eu nem sabia que existia. Tive que processar o luto pela morte de meu irmão gêmeo. Cientistas e psicólogos há muitos anos defendem a tese de que o bebê no útero é influenciado inconscientemente pelo que ocorre à sua volta. Um dos sentimentos recorrentes que eu tinha na minha infância era uma saudade de algo que não reconhecia. Tentei driblar isso de várias formas, mas somente fui entender naquele evento onde fui levado a chorar e lamentar, processando o luto pretérito, mesmo que tenha sido na fase adulta.

Ao lembrar daquele processo pessoal, tive um insight, uma revelação espiritual de que algo parecido poderia ter ocorrido com aquele artista espetacular e que o fizera viver intensamente seu trabalho sem cuidar da saúde e buscando constantemente preencher um vazio em seus relacionamentos pessoais. De certa forma Deus transformou muito desse mal em bem até onde sua alma permitiu. Segundo alguns biógrafos ele teria morrido ouvindo canções de louvor. Quero crer que, na sua intimidade, o cantor tenha morrido em paz com Deus. Visualizar essa possível história de pano de fundo sobre a vida do Elvis somente foi possível por causa da intercessão. Voltarei a esse tema nos próximos capítulos.

A visão "gospelizada" do artista

Creio que ainda falta muito entendimento por parte da igreja acerca do papel do artista, mas pior do que não ter revelação é ter uma visão distorcida. Talvez o erro mais comum seja associar os artistas de forma geral, mas principalmente os músicos, ao termo "levita", sem entender seu significado.

Uma outra distorção possível são os diferentes conceitos acerca de honra, glória, desonra e heresia. Hoje vemos uma certa paranoia em relação a isso.

Um dos sintomas mais evidentes disso é uma prática cada vez mais comum nas igrejas evangélicas – e não é só no Brasil - que é a de pedir "palmas para Jesus" após a execução de cada música e até mesmo ao final de cada oração. Aparentemente isso estaria sendo feito para glorificar o nome de Jesus, porém muitas vezes cheira a hipocrisia, no pior sentido do termo. Parece muito mais uma desonesta estratégia a fim de pedir palmas para si mesmo. Em muitos locais o povo já aplaude automaticamente ao final de cada música ou de uma oração, como se fosse um programa de auditório.

Não estou dizendo com isso que se o Espírito Santo direciona a congregação para uma ovação ao Senhor Jesus não se deva obedecer esse direcionamento. Só que intimamente todos sabemos quando isso é genuíno. Artistas em geral, bem como as crianças, são mais sensíveis à desonestidade. Artistas cristãos têm ainda mais obrigação de se pautarem pela verdade.

Por outro lado, ovacionar um artista ou um pregador não é necessariamente um pecado. Se for para fazê-lo que seja em espírito e em verdade, assim como deve ser feita a adoração ao Senhor. Jesus disse: "...e conhecereis a verdade e a verdade vos libertará." Ele merece toda a honra e todo o louvor! Se isso não ocorre natural e genuinamente é melhor não fazer. Fica menos feio. Também creio que Jesus não teria nenhum problema quanto ao fato de um artista ser reconhecido pelo seu trabalho, mas não creio que isso deveria ocorrer no momento de culto dedicado a Ele!

Quando minha filha Laura me fez ouvir a música "Bonecos de Plástico", interpretada pela excelente cantora Ana Rock, fiquei muito feliz, pois expressa muito do que estou dizendo aqui e me alegra o fato de existirem outros artistas com o mesmo incômodo e com o entendimento de andar em espírito e em verdade. Diz a canção: "Preciso de mudanças de hábitos - Mais que um show de bonecos de plástico". Aplausos automáticos não são genuínos, parecem coisa de boneco.

Existem dois problemas básicos, os quais temos que cuidar para não incorrer. Primeiro, o de alimentar a vaidade e, segundo o de não entender o princípio bíblico fundamental da honra.

Comecemos com o segundo ponto: a honra.

Em princípio, toda e maior honra devem ser dadas à Ele. Entretanto, quando falamos de honrar uns aos outros, encontramos muitos argumentos e inúmeras distorções. Vamos à Palavra de Deus.

Em novembro de 2015 eu quebrei o dedo mínimo do pé esquerdo, chutando acidentalmente uma cama de madeira estilo lumberjack. Detesto essas camas! Somente após uns dez dias, com muita dor e mancando, fui ao médico e esse me repreendeu pela demora. Fiquei com o pé imobilizado por quinze dias. Ao final ainda sentia dor e incômodo. Demorei ainda um mês para voltar a caminhar normalmente.

Descobri a importância do dedinho! Nunca mais deixarei de dar-lhe a devida honra.

Esse episódio foi útil para que eu entendesse melhor a respeito da honra devida às diversas partes do Corpo de Cristo, pois, segundo Paulo, isso é para o perfeito equilíbrio do corpo. Esse equilíbrio não deve ocorrer pela tentativa de conferir uma função diferente para determinada parte do corpo, mas sim pela sua devida honra.

Vemos pessoas serem estabelecidas em ministérios ou em postos de serviço como um prêmio por sua lealdade ao líder ou por seus esforços em cumprir uma visão ou estratégia de crescimento ministerial, na melhor das hipóteses. Quando esse fato está associado a uma busca por rápida ascensão na carreira eclesiástica, o perigo é ainda maior. Algumas vezes se pode ouvir nos corredores das igrejas a triste máxima corporativa: "Quem não é visto, não é lembrado!". Nesse contexto, o maior problema não são as pessoas que são lançadas em ministérios ou investidas em cargos dessa forma, já que o ser humano tende a ajustar-se ao sistema. O problema maior está nos líderes que desconhecem o conceito bíblico de honra e tentam, mesmo que bem-intencionados, fazer com que o olho seja dedinho ou com que a mão seja orelha. Isso é agravado quando se confere mais honra às partes nobres do que às partes menos nobres, invertendo os valores e desequilibrando o Corpo. Ensinando sobre isso, em 1Coríntios 12:22-24, Paulo diz:

"Pelo contrário, os membros do corpo que parecem ser mais fracos são necessários; e os que nos parecem menos dignos no corpo, a estes damos muito maior honra; também os que em nós não são decorosos revestimos de especial honra. Mas os nossos membros nobres não têm necessidade disso."

Tornou-se comum ver grandes pregadores recebendo grande honra enquanto obreiros, igualmente importantes para o equilíbrio do Corpo, estão sendo ignorados. Quando essa inversão de valores está implantada, o risco de voltarmos a jogar os profetas no poço ou desterrá-los é enorme.

Como artistas temos que estar sensíveis a esse risco, a começar por nós mesmos. Quando temos um Corpo sarado e curado onde todos entendem sua função e os dedinhos recebem a devida e maior honra que o pulmão, conseguimos nos mover com a liberdade conquistada em Cristo Jesus, não para convencer alguém, mas para equalizar as honras e consequentemente honrar ao cabeça, que é Cristo.

Artistas com esse nível de liberdade se movem seguros em seus dons ministeriais, sem lisonjas e honras desnecessárias. Consequentemente não alimentam a própria vaidade, mas reconhecem sua real identidade e os princípios bíblicos da honra.

Quando formos pedir palmas para Jesus, que não o façamos levianamente. Aliás, se a reunião estiver sendo guiada pelo Espírito Santo já não será necessário pedir, as pessoas darão piruetas genuínas de honra e glória ao Rei dos Reis e Senhor dos Senhores.

3 LEVITAS E LEVITAÇÕES

Existe ainda em nosso meio uma ideia distorcida a respeito do termo "levita". Creio que vale a pena discorrer acerca das origens e destinos da tribo de Levi, sob revelação da Palavra - ao buscar na fonte das Escrituras, sempre lembro do que ensina minha sogra, que é bancária, referindo-se à falsificação de dinheiro: "O importante é conhecer bem o bilhete verdadeiro", diz ela, "consequentemente as variações de dinheiro falso serão automaticamente identificadas".

Quem foi Levi? O terceiro filho de Jacó, com Lia. Segundo alguns teólogos, seu nome significa "união" e expressa a esperança de Lia por uma perfeita e definitiva união com Jacó. Levi teve três filhos. Da linhagem de Coate nasceram Moisés e Arão. O Profeta Samuel era da tribo de Levi e curiosamente foi quem ungiu a Davi, que por atributos proféticos e por seu coração dedicado ao Senhor pôde ele mesmo atuar circunstancialmente como sacerdote, ainda que fosse da tribo de Judá.

Em Gênesis 49:5-7, em seu leito de morte Jacó amaldiçoou Simeão e Levi pela ira e furor. Pela matança que efetuaram, o decreto de Jacó era pela sua divisão e dispersão em Israel. Um decreto contrário ao próprio significado de seu nome. Aquele que fora batizado como "união" estava sendo amaldiçoado com "divisão". A disposição natural dos irmãos Simeão e Levi era para matar. Jacó fazia referência aos fatos relatados em Gênesis 34:25-30. Foi esse fato, porém que levou o entristecido Jacó a buscar ao Senhor e a purificar sua família, livrando-os dos deuses estrangeiros que ainda estavam com eles. Daí erigiu um altar a Deus em Betel. Foi esse quebrantamento e reconexão com o Eterno que fizeram com que fossem resguardados e protegidos da vingança daqueles povos aterrorizados (Gênesis 35:5).

Centenas de anos depois, a tribo de Levi teve a oportunidade de oferecer a Deus sua disposição natural em Êxodo 32:25-30, respondendo ao chamado de Moisés: "Quem é do Senhor, venha até mim!". Pode-se inferir que eles não sabiam qual era o serviço a ser realizado: executar a três mil de seus compatriotas, por causa da idolatria ao bezerro de ouro. Cumpriram a ordem. Que outra tribo teria feito melhor esse serviço? Talvez a de Simeão. Não sabemos. Matar os de Siquém por vingança e justiça própria era fácil, mas matar os próprios irmãos não deve ter sido. Em seguida o levita Moisés buscou a Deus para interceder pelo povo.

Por fim, o próprio Senhor escolheu a tribo de Levi para o sacerdócio e para o cuidado do tabernáculo (Números 3:2). Teria sido porque sua disposição para matar por motivos pessoais foi disponibilizada a Deus em obediência, a fim de que fosse transformada para Seus propósitos? Tiveram que matar os irmãos executando juízo pela idolatria. Tiveram que sacrificar animais para o Senhor até a vinda do sacrifício perfeito. Porque sua disposição foi modificada, a tribo de Levi foi redimida pelo Senhor e a maldição foi transformada em bênção. O sacerdócio foi a boa porção do direito de primogenitura que Levi, ao final, recebeu por seus descendentes. O urim e o turim de Deus estavam com eles (Deuteronômio 33:8).

Quando foi estabelecida a tribo de Levi para o serviço religioso, ficou claro que todos os sacerdotes eram levitas, como o foi o primeiro deles, Arão; porém nem todos os levitas eram sacerdotes. Em 1Crônicas 6:16, as subtribos dos filhos Coate, Gérson e Merari receberam diferentes atribuições ainda durante a peregrinação nos desertos. Nos livros das Crônicas vemos uma definição um pouco mais avançada do ofício levítico. No versículo 31, vemos que Davi designou como cantores a Hemã, Asafe e Etã, com seus filhos.

No segundo livro das Crônicas vemos também uma correlação do ofício levítico com o ofício profético em alguns casos. No capítulo 20, o levita Jaaziel, como já mencionamos, profetizou não somente a vitória de Josafá sobre os inimigos, mas também a forma como os cantores seriam empregados extraordinariamente frente ao exército. No capítulo 35, outro levita, Jedutum é reconhecido como vidente do rei.

Na antiga Aliança essa tribo havia sido separada para o serviço sacerdotal e religioso. Eram sacerdotes, artesãos, cantores, oficiais do templo e profetas. Eles não ganharam terras específicas na divisão da Terra Prometida, inclusive para não comprometer a qualidade do ofício ministerial dedicando-se à geração de renda. Para isso fora instituído o dízimo levítico.

É importante frisar que a condução do povo para o louvor e adoração era apenas uma das tarefas designadas aos levitas. Entre os demais serviços estavam o de segurança, porteiro, faxineiro e padeiro. Não vejo ninguém chamando de "levitas" as pessoas que exercem essas funções nos locais de assembleia de hoje em dia. Assim como raramente veremos um guitarrista ou um cantor assando pizza. Lembrando que naquela época não havia a necessidade de organizar o estacionamento de jumentos, camelos e carroças.

Enfim, desde o deserto até o templo em Jerusalém, as funções sacerdotais e de gestão religiosa eram atribuídas aos levitas; e até hoje, judeus ortodoxos dessa linhagem esperam a reconstrução do templo para reassumir suas funções. Ah se conhecessem o verdadeiro Sumo Sacerdote!

Hoje

Na nova Aliança, fomos comprados e eleitos para o serviço sacerdotal, conforme 1ª de Pedro 2:9-10 e Apocalipse 5:9-10. Não existe mais uma tribo sacerdotal. Somos todos da mesma tribo e nação santa de Jesus. O véu se rasgou e todos os chamados possuem acesso ao Santo dos Santos, por Cristo Jesus. Mas obviamente na qualidade de quem aceita e quer a condição de discípulo. Jesus é o nosso Sumo Sacerdote e os atributos sacerdotais necessários da antiga aliança apontam para os da nova aliança.

Os sacerdotes devem reunir, como mínimo, os seguintes atributos, sendo:
- santos (Lv 21:6; 1Pe 1:15-16),
- íntegros (Lv 10:8-11; 1Tm 4:11-12),
- intercessores (Lv 16:15-17; 1Tm 2:1-4 enteuxis - entugchano),
- constantes (Lv 6:12-13; Tg 1:7-8) com sabedoria, e
- maduros (Nm 4:1-3; Lc 3:23 – a idade biológica é importante, porém o amadurecimento na caminhada com Deus passa por provas e desertos para o aprimoramento).

Entendo que esses atributos esperados para os sacerdotes não mudaram da antiga para a nova aliança. Creio que isso independe dos dons ministeriais apontados em Efésios 4, como também independe do nível de serviço e do lugar no Corpo no qual nos cabe realizá-lo no momento, assim como do modus operandi, conforme Romanos 12:6-21.

"(...) tendo, porém, diferentes dons segundo a graça que nos foi dada: se profecia, seja segundo a proporção da fé; se ministério, dediquemo-nos ao ministério; ou o que ensina esmere-se no fazê-lo; ou o que exorta faça-o com dedicação; o que contribui, com liberalidade; o que preside, com diligência; quem exerce misericórdia, com alegria. O amor seja sem hipocrisia. Detestai o mal, apegando-vos ao bem. Amai-vos cordialmente uns aos outros com amor fraternal, preferindo-vos em honra uns aos outros. No zelo, não sejais remissos; sede fervorosos de espírito, servindo ao Senhor; regozijai-vos na esperança, sede pacientes na tribulação, na oração, perseverantes;

compartilhai as necessidades dos santos; praticai a hospitalidade; abençoai os que vos perseguem, abençoai e não amaldiçoeis. Alegrai-vos com os que se alegram e chorai com os que choram. Tende o mesmo sentimento uns para com os outros; em lugar de serdes orgulhosos, condescendei com o que é humilde; não sejais sábios aos vossos próprios olhos. Não torneis a ninguém mal por mal; esforçai-vos por fazer o bem perante todos os homens; se possível, quanto depender de vós, tende paz com todos os homens; não vos vingueis a vós mesmos, amados, mas dai lugar à ira; porque está escrito: A mim me pertence a vingança; eu é que retribuirei, diz o Senhor. Pelo contrário, se o teu inimigo tiver fome, dá-lhe de comer; se tiver sede, dá-lhe de beber; porque, fazendo isto, amontoarás brasas vivas sobre a sua cabeça. Não te deixes vencer do mal, mas vence o mal com o bem."

O fato é que na nova aliança fomos comprados a preço de sangue do Sumo Sacerdote que ao mesmo tempo foi o sacrifício perfeito. Como discípulos aprendizes de sacerdotes somos chamados ao auto sacrifício: negar-nos a nós mesmos, tomar nossa cruz e segui-lo. Como sacerdotes, devemos levar nossa própria carne para a grelha. E ainda interceder por toda uma nação separada. É provável que ainda haja muito trabalho pela frente.

O Levítico é uma projeção que mostra o caminho da redenção. A atividade redentora de Deus e a resposta da apropriação por parte do homem estão presentes em Levítico 20:26. E justamente Pedro cita isso em sua primeira carta (1:16). Continua sendo o mesmo caminho de acesso ao Pai que começa pelo arrependimento, passa pela matança da carne e culmina na santidade e na cooperação com a obra redentora através da intercessão.

A maldição da dispersão da tribo foi tornada em bênção. Moisés não podia anular a profecia de Jacó. Teve de cumpri-la, porém, o Senhor transformou o decreto. Ganharam cidades e gado nas áreas de todas as demais tribos (Nm 35:2-8). Não deixou de ocorrer a dispersão, mas na forma de sua presença junto às demais tribos.

Na Nova Aliança, mudou o Sacerdócio. Com a mudança do sacerdócio há uma nova Lei. Jesus é da tribo de Judá, designado pelo Pai como o sacerdote eterno (Hebreus 7:11-19). Sendo o sacerdote perfeito e o sacrifício perfeito em si mesmo, Jesus pôde cumprir a Lei e as profecias, por isso pôde mudar a Lei. E assim como o Senhor escolheu a tribo de Levi, o próprio Senhor Jesus concedeu uns para apóstolos, outros para profetas, evangelistas, pastores e mestres (Efésios 4:11). Entendo que essa concessão ocorre quando nossa disposição natural para matar é redimida pelo sacrifício perfeito do Sacerdote perfeito. A única carne que sobrou para matar é a nossa própria, para que possamos exercer o sacerdócio real e sermos úteis para a edificação do Corpo de Cristo.

Independentemente do que lhe tenham ensinado antes, o cantor e o músico que executam canções na plataforma não são levitas. Aqueles, assim como os atores, pintores, dançarinos, escultores, cineastas, eles devem ser SIM pessoas que:

    a) entendem e aceitam o resgate redentor realizado por Jesus;
    b) queiram ser discípulos de Jesus;
    c) discernem que através de Jesus ganharam pela graça sua identidade de filhos, soldados, reis e sacerdotes,
    d) atendem aos atributos do sacerdócio real quanto à santidade, integridade, intercessão, constância e maturidade;
    e) aceitam o fato de que o aprimoramento do discípulo para o chamado envolve desertos, provações e peneiras;
    f) compreendem que devem realizar suas funções com zelo, o que implica inclusive preparo técnico;
    g) interpretam seu chamado, segundo Efésios 4:11;
    h) entendem que a identidade de artista envolve principalmente ser usados como profetas quanto ao dom ministerial, exercendo a intercessão quanto aos deveres sacerdotais e sendo verdadeiros adoradores quanto à essência e à verdade.

Bom, acho que isso é um pouco mais profundo do que subir na plataforma para uma boa performance artística e ser chamado erroneamente de "levita". Ou pelo menos se formos chamados assim por alguém conseguiremos compreender a profundidade que há nessa comparação.

Os pontos acima se aplicam a todos nós artistas e devemos buscar cumpri-los com zelo. Que Deus nos dê graça e sabedoria por Sua misericórdia!

O outro tema

Deus pode sim nos proporcionar uma experiência sobrenatural em decorrência de nossa busca por intimidade com Ele. Existem relatos de levitação como resultado de meditação, inclusive por parte de um grupo de soldados americanos que, durante a Segunda Guerra, teriam visto o frade capuchinho italiano Pio de Pietrelcina levitando sobre a cidade onde estavam.

Obviamente a palavra levitação não tem nada a ver com Levi ou com sua tribo. Usei o termo no título deste capítulo apenas como um MacGuffin para que você o lesse até o final.

Em 2003 eu tive uma experiência na qual viajei com meu carro por 110 quilômetros, passando por duas praças de pedágio e sem dirigir. Eu fui literalmente arrebatado para o colo do Pai e Ele conversou comigo sobre muitas coisas. Foi a experiência mais maravilhosa que já tive! Como o carro seguiu nesse trajeto? Não tenho a menor ideia. Quando dei por mim, novamente como motorista, eu já estava na cidade de destino. Isso foi resultado de algo que busquei e pedi alguns meses antes. Pedi que Deus falasse comigo de forma audível e que eu não tivesse dúvidas de que fosse Sua voz. Por que Ele não o fez na tranquilidade do meu quarto? Ou deitado na grama do quintal? Por que o fez quando eu estava dirigindo em alta velocidade? De novo não tenho a menor ideia, mas Ele é soberano e entendo que o motivo pode ter sido uma quebra de paradigmas para mim. Felipe foi transladado de um lago perto de Jerusalém, onde batizou o ministro da Rainha Candace, até Azoto, cerca de 66 km de distância. Deus fez isso após mandá-lo correr ao lado de uma carroça em movimento. Acho que Deus gosta do movimento, tanto do natural quanto do sobrenatural.

Não podemos tentar limitar o local ou a forma pela qual Ele nos dirá algo importante ou nos inspirará. Entendo que o artista necessita dessa inspiração para criar, por isso deverá dedicar tempo para a reclusão e para a intimidade com Deus. Deverá buscar, como sacerdote, o Santo dos Santos. Precisará apresentar-se como verdadeiro adorador, com mãos limpas e coração puro.

Todos devemos nos apresentar em secreto para o Pai e buscá-lo de todo o coração.

No caso acima, pedi algo em secreto e fui recompensado em público meses depois. Afinal a rodovia é pública. Decorridos alguns anos, lembrei que a cada passagem pela praça de pedágio, o sistema fotografa os veículos para posteriores consistências. Fiquei muito curioso em saber qual a situação do meu carro no momento da passagem pelo guichê de pagamento. Gostaria de ter visto essas fotos, se realmente o carro passou por elas. Gostaria de saber quem pagou o pedágio. O fato é que essas fotos ficam disponíveis por no máximo seis meses, depois são apagadas. Lá se foram possíveis provas físicas de uma possível situação de arrebatamento.

De qualquer forma, não creio que devamos necessariamente praticar um novo monasticismo cristão para desenvolver uma intimidade com Deus. O importante é que isso seja feito, se for o caso, por orientação de Deus, não por modismo. Há um sério risco de reproduzir uma prática de isolamento ascético para distanciar-se dos problemas do mundo. A Bíblia sugere justamente a busca de intimidade no secreto e o artista encontrará assim a verdadeira fonte de inspiração a fim de produzir algo genuíno para fora, para o público.

Hoje vemos muitas canções anímicas sendo executadas nos cultos, isso quando não são heréticas; neste caso prefiro crer que seja por ignorância do compositor. De onde veio a inspiração para sua composição? Com certeza não foi de tempo de comunhão do compositor com Deus e de um novo serviço sacerdotal junto ao Santo dos Santos. Inúmeras vezes vi situações onde alguns corajosos cantores puxam por velhos hinos do Século XIX logo após a execução de algumas músicas de letras vazias. Em alguns segundos, pessoas que estavam aborrecidas ou apáticas, começam a se quebrantar. A música é mágica? Não. Mas abre portais espirituais, como resultado de um preço sacerdotal intercessor e profético que foi pago. É a recompensa pública atual por algo que um dia foi buscado, em secreto, pelo compositor do hino.

Não quero dizer com isso que as pessoas devam depender da música que será tocada em um templo para conectar-se com Deus. Tampouco creio que temos de passar o resto de nossas vidas cantando somente os hinos antigos. Assim como não podemos afirmar que todas as composições pretéritas dos hinários foram logradas por genuína e boa inspiração. Creio somente que essa reflexão serve de alerta aos artistas de hoje para buscar inspiração da forma correta, como um sacerdote real. Ao fazê-lo não posso garantir uma levitação corporal, mas com certeza nossa adoração, em espírito e em verdade, subirá como sacrifício agradável ao Senhor. E isso é o que realmente importa para iniciar um processo de criação artística.

4 CRENÇA NAS ARTES

Movimentos artísticos – um resumo.

O **Renascimento**, que teve seu ague no Século XVI, desencadeou uma série de movimentos artísticos. Esses movimentos foram sucessivos e praticamente como uma reação ao anterior. Assim seguiram, o Neoclássico foi uma reação ao Barroco (ou Rococó), o Romanticismo se opôs ao Neoclássico e o Realismo foi a resposta ao Romanticismo. As manifestações de cada um desses movimentos deixaram traços em praticamente todas as artes, sendo mais fortes em algumas, conforme o local e as tendências.

É importante citar aqui que esses movimentos tiveram suas denominações cunhadas posteriormente ao seu período. O termo "Renascença" ou renascimento foi usado pela primeira vez em 1858 pelo historiador francês Jules Michelet. A ideia geral é a de que o Renascimento seria uma ressuscitação da grandeza literária, filosófica e artística das antigas Grécia e Roma. Como bem destaca o historiador Paul Johnson em seu livro "O Renascimento" o movimento coincidiu com o que se denomina a Idade Moderna da história europeia e teve defasagem cronológica, tendo iniciado em 1492 na Espanha e culminado em 1519 na Alemanha. O conceito em si de "renascimento" sempre existiu e existirá pois se trata de uma recuperação histórica de algo do passado e que passa a ser revalorizado. Também é uma ignorância histórica chamar a Idade Média de "idade das trevas", pois também foi um termo cunhado pelos mesmos historiadores do século XIX que mal ou bem-intencionados associavam os piores problemas da Europa à era da "cristandade". Enfim, voltemos aos movimentos artísticos.

O **Barroco**, como já vimos anteriormente, substituiu o Renascimento.

Caracterizou-se pelas técnicas rebuscadas e exageradas e apropriou-se de alguns elementos do Renascimento, como a passagem rápida do tempo, o efêmero da vida, as constantes mudanças universais, a complexidade do mundo e o papel do homem nisso tudo. Os estilos foram ficando cada vez mais exagerados e rebuscados, culminando no Rococó, que vem das palavras francesas rocaille (terreno com seixos ou pedrinhas) e coquille (concha), elementos naturais que inspiraram desenhos irregulares assim como as formas vegetais. Entre os principais artistas relacionados ao movimento Barroco estão Bach e Vivaldi na música, Caravaggio, Velázquez e Rembrandt na pintura.

O movimento **Neoclássico** (segunda metade do Século XVIII) foi uma contraposição ao Barroco, buscando resgatar o equilíbrio, a sobriedade e a harmonia dos modelos clássicos, mais racionais e humanistas. O movimento se apoiou nos ideais iluministas da ilustração. Resgatava a simplicidade da natureza e a arte deveria ter uma função educativa e deixar de lado a exaltação das virtudes e do poder das monarquias e da igreja para passar a refletir o dia-a-dia do homem comum. Isso mudou também o perfil do artista que deixava de ser financiado pelos mecenas aristocratas e se transformava em um profissional independente. Na pintura talvez o destaque principal seja o francês Jacques-Louis David (1748-1825). Pintor associado aos ideais da Revolução Francesa e que curiosamente foi escolhido por Napoleão para retratar sua glória imperial. Na arquitetura foram inúmeros seguidores do movimento. Na escultura se destacam Antonio Canova, Bertel Thorvaldsen, John Flaxman, Jean-Antoine Houdon e Juan Pascual de Mena. Na literatura foram Jean-Jacques Rousseau (Contrato Social), Jonathan Swift (As Viagens de Gulliver) e Daniel Dafoe (Robinson Crusoé). Na música os expoentes máximos foram W. A. Mozart, Joseph Haydn e Christoph Gluck.

Para contrapor a frieza e o racionalismo dos neoclássicos, a seguir veio o **Romanticismo**, que surgiu na Alemanha no final do Século XVIII e logo se estendeu por toda a Europa e para as novas repúblicas do Novo Mundo. Predominando em grande parte do Século XIX, a proposta do novo movimento era basear-se na imaginação, nos sentimentos e nas emoções se sobrepondo à razão. Isso por fim resgatava valores da Idade Média que ao final não era tão tenebrosa assim. Por isso valorizava também a inspiração no misterioso, no épico e no aspecto majestoso da natureza. Ao contrário do caráter universalista do neoclassicismo, o romanticismo era individualista, valorizando a distinção dos heróis rebeldes quebrando as regras estabelecidas. Esse movimento também passou a valorizar o diferente, o exótico e o sobrenatural. Nesse movimento surgiu a novela épica ou histórica. Na pintura temos o exemplo do alemão Caspar David Friedrich com suas paisagens carregadas de misticismo. Na literatura houve inúmeros românticos. Talvez os que mais se destacam são Victor Hugo

(Les Miserables) e Walter Scott (Ivanhoe). No Brasil, os autores mais conhecidos do romanticismo foram José de Alencar e o poeta Antônio Gonçalves Dias. O movimento teve desdobramentos na literatura com as novelas de ficção científica e terror, como é o caso de Drácula de Bram Stockler e Frankenstein, de Mary Shelley.

Em meados do Século XIX apareceu a corrente realista que pretendia superar tanto o racionalismo excessivo do movimento neoclássico como o idealismo exagerado do romanticismo. O movimento do **Realismo** nasceu na França e foi a reação dos artistas ao fracasso da Revolução Francesa que significou a derrota de muitos ideais de liberdades democráticas e direitos individuais. Até porque, os mesmos franceses que cometeram o parricídio, pois executaram sem perdão a figura paterna do Rei, entronizaram posteriormente um imperador padrasto. A consequência lógica foi deixar para trás o idealismo próprio do romantismo. A nova proposta era refletir o cotidiano ordinário dos cidadãos comuns sem exaltar nem o belo nem o feio em si mesmos. As personagens e temas eram agora baseados na vida real, focada nos trabalhadores e com forte conteúdo de crítica social, agora também mostrando os emergentes problemas urbanos. Na pintura houve muitos artistas realistas. Camille Corot, Gustave Courbet e Jean-François Millet. Outro imprescindível foi Édouard Manet que estabeleceu uma ponte entre o realismo e o naturalismo, retratando a realidade urbana sem a mesma carga ideológica do realismo e que estabeleceu também a ponte para o impressionismo.

Uma reação ao realismo puro e duro foi o **Idealismo**, que buscava unir o objetivo e o subjetivo, a fim de conseguir uma visão completa da realidade. O movimento idealista foi iniciado pelos chamados "alemães de Roma" que por terem ido estudar naquela cidade se inspiraram na arte clássica. Paralelamente havia os "pré-rafaelistas" para os quais Rafael Sanzio e sua ingenuidade sincera era uma inspiração para os sonhos e o equilíbrio com o realismo.

O **Impressionismo** surgiu na França e buscava capturar os instantâneos fugazes da vida urbana. Não buscava evidenciar nenhum problema social. Teve uma estreita relação com a fotografia, nascida em 1827, mas com a diferença de que se propunha a reproduzir o instantâneo à perfeição, com uma riqueza de detalhes e expressar a impressão que o momento produzia no artista. Édouard Manet foi um dos precursores do impressionismo. Camille Pizarro, Pierre-Auguste Renoir foram igualmente relacionados ao movimento. Na escultura um nome comumente associado é do francês Auguste Rodin que também está associado ao Simbolismo. O interessante de Rodin é que sua escultura chocou no início por mostrar o ser humano comum em situações onde não seria visto nem fotografado – a fotografia foi outra de suas paixões ao final da vida. Não se inspirava em musas ou deuses e foi precursor da escultura moderna sem necessariamente brigar com o passado. Suas principais obras foram "O Beijo" e "O Pensador", porém chamo a atenção para o conjunto escultórico denominado "Os Burgueses de Calais". É dramático, intenso e retrata um feito heroico que poderia ter ficado no obscurantismo se a cidade francesa de Calais não tivesse contratado Rodin para homenagear o grupo de homens de negócios proeminentes que decidiu oferecer sua vida em troca da salvação da população da cidade condenada à fome no cerco inglês. O feito foi tão impressionante que alguns fiéis escudeiros do Rei Eduardo III clamaram pela vida desses homens. Rodin conseguiu expor de maneira magistral esse drama em sua obra.

Em 1880 alguns impressionistas, influenciados pelas novas descobertas científicas em relação à refração da luz, os **Pós-Impressionistas** criaram a técnica do puntilismo ou divisionismo, que consistia em dividir os tons em semitons e realizar pequenos pontos ao invés de pinceladas, justapondo áreas coloridas complementares que se fundem na visão de quem vê, conforme a distância. Os pintores franceses relacionados a esse movimento são principalmente Cézanne, Gauguin e Toulouse-Lautrec. Mas o holandês Van Gogh para mim é o mais importante, apesar de o associam também ao expressionismo. Para Van Gogh todos os fenômenos visíveis eram dotados de vida física e espiritual, o que expressava com genialidade em seus quadros expressivos e emocionais.

Estou certo de que Don McLean teve a sensibilidade de perceber isso ao compor a canção "Vincent" em 1971, baseado na pintura "A Noite Estrelada" que está no MoMA desde 1941. Apesar de ter nascido em Nova York, tudo indica que o compositor compôs a canção, também conhecida como "Starry Starry Night", após ler um livro sobre o pintor e analisar uma cópia da obra sem ter estado frente a frente com a pintura. Faço este aparte, para discorrer sobre um tema que analisarei mais adiante. Eu creio firmemente que é possível que uma onda de inspiração transcenda de uma obra para outra, de um período para outro, de um artista para outro e de uma arte para outra. Nas artes plásticas são bastante comuns as releituras. Vemos Beatriz González relendo Leonardo. Vemos Romero Britto relendo Tarsila do Amaral. Mas são raras as interações entre diferentes artes. Don McLean é um fenômeno: "Now I understand / What you tried to say to me / And how you suffered for your sanity / And how you tried to set them free /They would not listen, they did not know how / Perhaps they'll listen now". Em 1971 não se conhecia ainda alguns aspectos mais profundos sobre a biografia de Van Gogh. Achava-se na época que havia sido um gênio, porém um lunático que cortara a própria orelha e se suicidara. Porém McLean viu mais além do que os livros de história diziam. Viu um artista criando maravilhosamente em seu juízo perfeito e sofrendo por isso. Hoje sabemos que Vincent era muito maior que ambiente medíocre onde vivia. De certa forma, também o era, nos anos 70, o próprio McLean. O real e completo significado de alguns de seus versos seguem sendo um mistério, como ocorre com American Pie. Mas, conforme insinua corretamente o próprio artista, o poeta deve dar-se o direito de manter certa privacidade sobre suas criações. E estou de acordo com ele. Como criadores, devemos manter algumas pérolas escondidas para que os desbravadores as encontrem. Isso é arte. Se os artistas que não conhecem a Deus como conhecemos conseguem entender esse princípio, nós que dizemos que O conhecemos, temos a obrigação de entender. A Bíblia cita o tempo todo a verdadeira fonte da sabedoria. "...se buscares a sabedoria como a prata e como a tesouros escondidos a procurares, então, entenderás o temor do Senhor e acharás o conhecimento de Deus.(...)" (Pv 2:1-8). Até mesmo Ciro, que não O conhecia, obteve sabedoria extra para cumprir os propósitos de Deus (Is 45:3). A verdadeira arte é um constante aprimoramento do processo de criação onde não existem obviedades gratuitas. Ao avançarmos nisso, seguimos entendendo sempre um pouco mais sobre o Criador.

Outros movimentos praticamente paralelos ao impressionismo foram o **simbolismo** e o **modernismo**. Para Gauguin por exemplo, o mais importante era expressar na pintura os sentimentos e a realidade interna e espiritual mais do que a realidade percebida a olho nu. Outro expoente forte do simbolismo era o norueguês Eduard Munch que buscava expressar o mundo espiritual e onírico através de cores carregadas. Talvez o quadro famoso de Munch seja "O Grito".

O realismo e suas vertentes invadiram o Século XIX provocando muitas inovações. Na música temos as obras de Ravel, Verdi e Debussy. Na Literatura, o realismo produziu alguns dos maiores escritores de todos os tempos, como Stendhal, Dostoievski, Tolstoi, Balzac, Flaubert, Dickens, Twain e Gogol.

Hoje o mundo vive o que muitos chamam de "pós-modernidade", um conceito sociológico basicamente associado à ruína dos ideais iluministas de liberdade, fraternidade e igualdade. Também é associado por muitos ao avanço da globalização da economia. Nas artes chamamos de **pós-modernismo** o que poderíamos chamar de movimento artístico principalmente na segunda metade do Século XX. Os traços mais marcantes da arte pós-moderna são a valorização das formas industriais e populares, a transposição das barreiras entre as linguagens artísticas e o uso sistemático da intertextualidade, expressada frequentemente mediante a colagem ou pastiche, comum na arte pop a partir dos anos 50.

O cinema, a televisão e a internet são hoje os meios de comunicação mais capazes de manifestar as características do pós-modernismo.

Nas artes plásticas o movimento italiano chamado transvanguarda (1979) foi o primeiro movimento artístico claramente pós-moderno. Alguns movimentos artísticos dos anos 80, como a Movida madrileña poderiam ser enquadrados também dentro do pós-modernismo nas artes plásticas e na música, mesmo que seus participantes não tivessem claramente esse entendimento.

Em todas as vertentes artísticas houve traços do pós-modernismo, mas creio que no cinema isso foi mais evidente.

Quem inaugurou prematuramente o pós-modernismo no cinema foi Ridley Scott com "Blade Runner, o Caçador de Androides" (Blade Runner, 1982), mas talvez as expressões mais fortes do desmoronamento social da pós-modernidade estejam em filmes como Matrix, Buffalo 66, Beleza Americana, O Clube da Luta e como os de Larry Clark, diretor de Kids (Kids, 1995) onde ele evidencia sintomas como a ausência de culpa e o pessimismo quanto ao futuro. No pós-modernismo cinematográfico, existe uma tendência a olhar o todo pelos fragmentos, a romper com a linearidade temporal, a desgarrar-se do conceito paulino do bom, belo e verdadeiro, a evidenciar os desajustes sociais e ainda a promover um tom emotivo, melancólico e nostálgico. Em termos de linguagem cinematográfica ajustada aos conceitos pós-modernos, particularmente gosto de "21 Gramas" (21 Grams, 2003) de Alejandro González Iñárritu, do filme alemão "Corra, Lola, Corra" (Lola Reent, 1998) de Tom Tykwer e do argentino "Um Conto Chinês" (Un Cuento Chino, 2011) de Sebastián Borensztein que mexem com a rotina e com a ansiedade além de duelar com o "se" e sua relação com o tempo, sendo essa a parte boa do pós-modernismo como movimento artístico. Pois, infelizmente, a pós-modernidade social que vivemos traz, entre outras coisas, a desestruturação da ligação com Deus, principalmente na Europa onde se vive uma espécie de "pós-cristianismo", como se o cristianismo tivesse sido um modismo religioso ultrapassado. Triste.

Fonte de inspiração

A arte sofreu grandes mudanças na História e os movimentos artísticos foram influenciados por questões geopolíticas, religiosas, filosóficas, econômicas e sociais.

O historiador Paul Johnson, em sua excelente obra denominada "Os Criadores", apresenta uma profunda pesquisa sobre os processos de criação de diferentes artistas; suas nuances, temperamentos e personalidades e a influência disso nas suas artes. Além disso, o autor traça um paralelo entre a vida pública de cada artista e como seus dramas pessoais influenciaram no processo. Recomendo fortemente essa leitura.

Todo artista estabelece, consciente ou inconscientemente, um processo de criação.

Esse processo, assim como sua concepção estética, é influenciado por seus pares ou antecessores, mas sobretudo, está baseado em sua cosmovisão. Ele seguirá em uma linha inspiradora que é dependente de seu conjunto de crenças.

Quando falamos em crença religiosa ou ideológica do autor, seja ela qual for, essa seguramente influenciará o processo de criação artística. A capacidade de entender e abstrair diferentes pontos de vista e visões de mundo também é imprescindível para o artista, sem prejuízo de sua crença. Para o cristão a melhor base inspiradora é obviamente a própria Bíblia.

A bailarina estadunidense Isadora Duncan, na Introdução de seu livro autobiográfico "Minha Vida", faz uma declaração excelente. Algo como "Qualquer mulher ou homem que escreva a verdade de suas vidas faria um ótimo trabalho."

Ainda mais incisiva, a Bíblia não alivia para ninguém. Todos os erros e acertos das pessoas citadas nas Escrituras estão expostos. Até mesmo a verdade mais cruel de suas vidas está ali. A criação e a queda da humanidade estão descritas em detalhes. A proposta da redenção para os que decidirem é clara e aberta. A personalidade de cada ser citado na Bíblia é exposta bem como a forma de se relacionar com Deus também é proposta abertamente. O relacionamento com o sobrenatural é oferecido de graça e pela Graça.

Para o artista que queira, pois tem livre-arbítrio, existe um mundo de possibilidades de inspiração proposto nas Escrituras para estabelecer seu processo de criação. A História mostra a incontável quantidade de escritores, pintores, compositores, dramaturgos, escultores, cineastas e tantos outros artistas que foram inspirados pelas Escrituras.

Atividade sugerida

Nós, artistas do Século XXI podemos exercitar nossa inteligência procurando na internet temas que nos edificam e nos ajudam em nossa capacitação. Nenhum filho de Deus deve ficar atrofiado intelectualmente, como artistas do Reino nossa obrigação é ainda maior, como já mencionamos. Centenas de grandes obras literárias, incluindo textos teatrais, estão disponíveis em e-books; bem como partituras, gravuras, quadros, fotografias, etc. Devemos lembrar que uma das melhores qualidades de um artista é a de ser um estudioso sistemático. Pesquise sobre as obras literárias e artísticas mais famosas da História e suas possíveis fontes de inspiração. Busque as obras que foram inspiradas pelas Escrituras e as motivações dos autores e artistas. Se essa atividade não for inspirá-lo o suficiente para animar-se a criar algo, no mínimo servirá para melhorar seus conhecimentos.

5 ARTE CRISTÃ HOJE

A expressão "arte cristã" não está necessariamente errada, mas se fosse para usar um adjetivo para a arte que fazemos, preferiria o termo "Arte Inspirada nas Escrituras", pois quem se converte é o artista e não a arte. Porém, pior ainda seria usar o termo "Arte Gospel". O problema de usar a expressão adjetiva é que já saímos em desvantagem atualmente. Numa sociedade pós-moderna já somos acusados de fundamentalistas e de praticar proselitismo pelo simples fato ter um app da Bíblia no smartphone. Os antigos artistas que realizaram suas obras inspirados nas Escrituras não as carimbavam com a expressão "Arte Cristã". Era Arte, feita por um artista que fora inspirado pelas Escrituras Sagradas. Simples.

É óbvio que a inspiração escriturística será facilmente reconhecida nas minhas peças teatrais, e não estou nem um pouco preocupado por isso. Assim como o gnosticismo, o islamismo ou o budismo serão reconhecidos em obras de outros autores. Os produtores do filme "Amor Além da Vida" (What Dreams May Come, 1998) não carimbaram no seu cartaz que o filme era espírita ou espiritualista. Não precisa. O diretor de "As Pontes de Madison" não carimbou no cartaz do filme que o roteiro e a trama glamourizam o adultério de forma hedonista. Se dissesse de antemão, muita gente não assistiria, pelo simples fato de não compactuar com isso, independente de crença religiosa.

Em Mateus 10:16, Jesus diz:

"Eis que eu vos envio como ovelhas para o meio de lobos; sede, portanto, prudentes como as serpentes e símplices como as pombas." (ARA)

A palavra grega aqui para prudente é phronimos que segundo o dicionário de Strong significa: "adj. 1) inteligente, sábio 2) prudente, i.e., atento aos próprios interesses".

Por outro lado, a linha é muito tênue entre ser *phronimos* ou moldar-se à cultura mundana com a desculpa de ser aceito por quem não professa a fé cristã. Nesse ponto fica evidente uma grande diferença entre entender ou não entender o papel de artista filho de Deus e que faz a vontade do Pai.

Nos anos 70, no Brasil, surgiram muitas canções explicitamente inspiradas nas doutrinas do Candomblé e da Umbanda. E não eram necessariamente compostas ou executadas por artistas que confessavam essa fé. Era moda. No mesmo período na Inglaterra e nos EEUU havia muitos compositores embalados pela cultura hippie e que fizeram canções inspiradas no budismo e no hinduísmo, inclusive buscando inspiração em gurus asiáticos, como foi o caso de uma famosa banda inglesa. Também era moda. Nunca vi algum cientista social acusá-los de proselitismo religioso. Aliás esse tipo de acusação somente ocorre no ocidente "democrático" pós-moderno onde todos são livres para se posicionar contra o cristianismo. Jamais contra o islamismo por exemplo, sob pena de serem acusados de intolerância no Ocidente ou condenados à execução no Oriente. Bom, saindo do ocidente pós-moderno, no resto do mundo esse conceito inexiste. Os artistas trabalham inspirados conforme sua cosmovisão e pronto. Ninguém os acusa ou classifica sua obra por causa isso.

Para quem já leu até aqui e ainda não sabe o que significa a palavra "cosmovisão", segue uma explicação simples: É o conjunto cultural de conceitos sociais, religiosos, políticos, familiares, étnicos etc. que norteiam a forma como alguém vê e percebe o mundo à sua volta. Desculpem pela ênfase e obviedade, mas às vezes são necessárias. Citando o Senhor Jesus: *"(...) em verdade, em verdade vos digo(...)".*

A nova moda religiosa

No ocidente passamos por todos os movimentos artísticos desde o Renascimento até o Modernismo sempre com certa influência religiosa. Hoje a religião da moda no ocidente é o neopaganismo, inclusive com culto à "Mãe-Terra", conceito associado à deusa Gaia. A coisa é tão séria que a ONU promove esse proselitismo. O "Dia da Mãe-Terra" foi instaurado em 2009 por uma resolução da Assembleia Geral do organismo. O dia escolhido foi 22 de abril, em plena primavera do hemisfério Norte. No contexto histórico geral, o paganismo seria o termo usado para designar as religiões politeístas da Europa pré-cristã e as não-abraâmicas do norte da África e Orientes próximo e médio. Porém hoje os adeptos do neopaganismo englobam no conceito todas as outras culturas politeístas inclusive as dos nativos das Américas, mas o movimento wicca e as religiões pré-cristãs do Norte da Europa são as que prevalecem nesses movimentos politeístas atuais. Apesar de os entusiastas dessa religião da nova ordem mundial apregoarem que uma de suas características principais é "não praticar proselitismo", o que vemos é exatamente o inverso. Alguns movimentos que tentam remendar bandeiras ideológicas como "direitos das minorias" são fortes braços do neopaganismo, seja no âmbito moral, filosófico ou ambientalista (aborto, ideologia de gênero, pedofilia, veganismo, etc.) são essencialmente religiosos e manipulados por políticos influentes. Não raras vezes encontram rechaço entre as próprias partes envolvidas ou "defendidas", como é o caso dos homoafetivos ou dos vegetarianos tradicionais. Ocorre que tais movimentos são patrocinados pela ONU, por partidos políticos e até por governos de muitos países como orientação de políticas públicas e com forte lobby. Se isso não é proselitismo, então faz-se necessária uma redefinição do termo na linguística.

Essa requentada religião - que é ostensivamente anti monoteísta, anti abrâamica, antissemita e principalmente anticristã - também influencia as artes. Cada vez mais vemos manifestações artísticas (refiro-me aqui a tudo aquilo que ainda mantém algum resquício do entendimento estético aristotélico) que professam a cosmovisão neopaganista e satanista. Exemplo disso foi o show musical e performático realizado na inauguração, em 2016, do Túnel de Base de São Gotardo, na Suíça. O túnel é hoje o maior do mundo e atravessa o Maciço de São Gotardo, nos Alpes. É a principal ligação para o transporte terrestre entre o Sul e o Norte da Europa. O show performático que envolvia músicos, atores-dançarinos ao vivo interagindo com audiovisual chega a ser interessante do ponto de vista estético, mas foi impregnado pela ideologia neopaganista. Um festival de proselitismo religioso. Cheio de simbologia religiosa do começo ao fim e aplaudido pelos mais importantes líderes da União Europeia que estavam presentes.

Um artista cristão ocidental produzindo arte neste Século vive essencialmente na contracultura do zeitgeist atual. Por isso, mais do que nunca na História, ele precisa internalizar o que Jesus diz em Mateus 10:16. Será um estrangeiro em terra estranha e com um alvo desenhado nas costas. A camuflagem desse alvo para confundir os snipers do ativismo cultural neoaganista será sempre um desafio. Somente terá êxito aquele que aprender a discernir espiritualmente.

É bem provável que alguns dos leitores deste livro me acusem de não amar os "diferentes" ou de outras baboseiras do gênero. Mas fico tranquilo e me divirto, para não chorar, pois vejo traços desse mix religioso em pensadores de esquerda e de direita. Ou seja, transcende as correntes políticas. O pior é que esse "mix religioso" está tão impregnado em nossa sociedade que permeia o pensamento de muitos cristãos. Não podemos cair na armadilha de confundir ideologias "inclusivas" com o inclusivo de Deus. Amor é amor. Pecado é pecado. Perdão é perdão. Iniquidade é iniquidade. Graça é Graça. Como igreja, passamos de um extremo onde coávamos um mosquito para outro onde deixamos passar uma manada inteira de camelos carregados. Ocorre que a porta é estreita e não nos pertence. Nem sequer somos os porteiros. Também teremos de passar por ela. Se nem porteiros somos, como queremos ser juízes, ora condenando mosquitos, ora absolvendo camelos?

Uma vez fumei charuto com um amigo, que era maçom e esotérico, para quebrar o gelo e acessar seu coração. Não foi um modismo inclusivo-progressista. Foi uma direção muito pontual do Espírito Santo, difícil de entender e cumprir, porém obedeci. Quando Pedro teve a visão do lençol e a ordem de "mata e come", não deve ter sido fácil. A primeira coisa que vai para o lixo é o trapo de imundície de nossa justiça própria e com ele vai nossa reputação. Tampouco significa que vou fazer apologia do uso sistemático de charuto nas quartas-feiras porque pode ser que encontre na esquina com algum amigo umbandista e não posso ser confundido com um crente religioso. Para um bom entendedor, meia palavra basta.

Artes cênicas e cristianismo

Quando nos referimos às artes cênicas, elas incluem todas as expressões e linguagens artísticas que envolvem atuação e trabalho de ator. Ou seja, teatro, circo, cinema, televisão, audiovisual digital, etc.

O cristianismo e as artes cênicas já haviam cruzado seus caminhos antes na História, começando com representações teatrais durante as celebrações de missas na Idade Média. O teatro sempre foi uma manifestação política e religiosa.

No período barroco a moral cristã ganhou contornos evidentes e carregada do pessimismo estoico. O teatro expressou a luta do bem contra o mal, da vítima oprimida e perseguida pelo tirano e pelo intrigante. Ao mesmo tempo ganhou ação, efeitos especiais, música e mudança de cenários. Talvez a obra máxima desse estilo seja La Vida es Sueño, de Pedro Calderón de La Barca (1600-1681). Macbeth é, por excelência, a obra barroca de Shakespeare, inclusive nessa obra ele homenageia o Rei James I, cujo reinado foi marcado por influência barroca. O estilo barroco (Século XVII, basicamente) é marcado justamente pelos excessos, pelos adornos exagerados, mas também sob um conceito de exaltação grandiosa a Deus através do conjunto de todas as artes. De certa maneira o estilo foi usado também como uma contraposição ao protestantismo, uma contrarreforma artística. Com a ascensão da burguesia e do protestantismo, o estilo teatral barroco morreu ou se transformou nas óperas trágicas.

Hoje no meio religioso católico a representação da paixão de Cristo continua sendo a mais realizada. Na Espanha ainda temos os espetáculos de rua que apresentam as guerras santas entre moros y cristianos.

No universo reformado prefiro citar o que ocorreu na Grã-Bretanha. Os reformadores ingleses usaram o teatro no início do Século XVI através do gênero da Moralidade (Morality Plays) para defender seus princípios. As Moralidades eram obras protagonizadas por personagens abstratos que representavam vícios, virtudes ou outros entes, como o Pecado, a Ambição, etc. A obra mais conhecida talvez seja a "Sátira dos Três Estados" (Ane Pleasant Satyre of the Thrie Estaitis), do escocês David Lindsay (1490-1555 aprox.).

Bem, não há como falar sobre cristianismo e teatro sem seguir citando Shakespeare. Existem especulações sobre o fato dele ser cristão anglicano ou papista. No entanto, creio que sua crença pessoal transcendia os conflitos sectários de sua época. Foi o maior dramaturgo de todos os tempos, principalmente por seu foco na criação das personagens. Sua sensibilidade de ator contribuiu enormemente para isso. Ele nasceu após a mudança da religião oficial por decreto de Henry VIII.

Acho importante fazer um pequeno resumo, para entender o entorno. Henry VIII estava desesperado para ter um herdeiro homem. Sua esposa Catalina de Aragón, filha dos Reis Católicos, Isabel I de Castilla e Fernando II de Aragón, lhe havia dado somente uma filha, Mary. Inconformado, rompeu com a Igreja Católica, criou a Igreja da Inglaterra (anglicana) e se divorciou de Catalina para casar-se com Anne Boleyn, ama de companhia de Catalina, em 1533.

Como também gerou somente uma filha, Anne foi executada em 1536 acusada de traição. Henry casou-se mais vezes até que Jane Seymour gerou Edward VI e morreu no parto.

Edward VI assumiu o trono aos nove anos de idade. Reinou como um Rei protestante e fortaleceu o protestantismo na Inglaterra. Introduziu o Book of Common Prayer para que os ingleses pudessem cultuar a Deus em seu idioma e não mais em Latim, como faziam os católicos. Acabou com os vitrais – uma pena - e com as estátuas de santos nas igrejas e permitiu que os padres se casassem - aposto que muitos padres mais animados festejaram com o vinho da missa! - Morreu de tuberculose aos quinze anos. Foi sucedido pela meia-irmã Mary.

Mary I, conhecida como Maria Tudor, talvez influenciada pela história de seus avós ibéricos, era uma católica romana devota. Em cinco anos de reinado, causou terror aos protestantes. Queimou 300 como hereges. Casou-se com Felipe II da Espanha e não teve filhos. Morreu em 1558 e foi sucedida pela meia-irmã Elizabeth, filha de Anne. Elizabeth I foi a primeira líder mundial a instituir uma verdadeira liberdade religiosa, apesar das encrencas que essa decisão pudesse gerar. Ela definitivamente foi corajosa. O pêndulo do poder voltou ao protestantismo, mas a rainha queria reprimir manifestações sectárias. De qualquer forma foi perseguida por católicos que se aliaram a reinos estrangeiros, principalmente a Espanha, para conspirar contra ela. Apesar de seu enérgico controle, os conflitos e as manifestações político-religiosas eram constantes. Seu sucessor, o Rei James, que encomendou e deu nome à tradução inglesa da Bíblia, foi igualmente perseguido pelos católicos, inclusive com atentados contra sua vida. Alguns elisabetanos eram fortes apoiadores da Reforma Protestante, alguns eram católicos, alguns eram ambivalentes, e outros ainda praticavam uma forma mais rigorosa de cristianismo gerada pela polarização: o puritanismo.

Shakespeare não estava alheio às nuances e consequências das disputas de poder religioso. Em suas peças fez várias referências à religião e seus efeitos na cultura e na política. O exemplo mais lembrado é Hamlet. Claudius, por exemplo, tem uma visão de mundo mais "protestante" a respeito de processar o luto. Enquanto Hamlet era mais conservador em relação a isso, num pensamento mais "católico" ao usar roupa preta e ignorar as festas, conforme vemos no trecho abaixo. Shakespeare usava e abusava com maestria dessas encrencas político-religiosas em suas personagens.

CLAUDIUS: "É doce e louvável de tua natureza, Hamlet, prestar os deveres do luto a teu pai, mas, deves saber, teu pai perdeu um pai, tal pai perdido perdeu o seu, e o sobrevivente sujeito, por obrigação filial, a, por um prazo, observar respeitoso pesar. Mas perseverar em obstinada condolência é proceder com ímpia teimosia. É tristeza efeminada, mostra uma vontade mui em desacordo com os céus, um coração sem fortaleza, uma mente impaciente, um entendimento simples e pouco instruído, pois sabemos-o-quê deve acontecer, e é tão comum quanto a coisa mais vulgar para a razão. Por que deveríamos, em nossa obstinada oposição, melindrar-nos?"

O público de Shakespeare obviamente tinha familiaridade com a Bíblia e com o cristianismo, independente do matiz religioso ao qual pertencesse. Enquanto Shakespeare discorria acerca dos fatos ligados ao debate protestante-católico em suas peças, suas inclinações religiosas pessoais são desconhecidas, como já comentei. Suas peças, no entanto, refletem claramente o clima religioso da Inglaterra elisabetana e seus efeitos na vida quotidiana. Seus espetáculos se movem livremente nessa questão.

Por mais que os descrentes e gnósticos tentem distorcer ou desqualificar a influência da Bíblia, ela transcende épocas, culturas e etnias. Essa influência ocorre nas leis, nos costumes e nas artes. Tudo converge para Jesus. Qualquer estudioso intelectualmente honesto consegue entender isso, independente do gosto pessoal.

Portas largas e caminhos "fáceis" nas artes cênicas

No ambiente cristão contemporâneo, temos alguns modelos que se por um lado abriram espaço nas igrejas, por outro se transformaram em problemas básicos para a arte da atuação. Um modelo mal-entendido ou mal-empregado vira um modismo.

O primeiro surgiu nos anos 70 nas bases de treinamento missionário. O "teatro evangelístico". Motivados pela justa intenção de alcançar o máximo possível de pessoas com a mensagem do Evangelho, alguns líderes tiveram a ideia de empregar a arte dramática. E claro, ao evangelizar povos que não falavam inglês, a técnica da mímica seria muito adequada. Até porque, algumas civilizações orientais também a conhecem. A ideia é excelente. O problema veio depois, quando foi disseminada uma falsa ideia de que a arte dramática, mais especificamente a técnica da mímica, seria uma ferramenta evangelística que qualquer missionário evangelista estaria automaticamente habilitado a realizar por ter completado um curso preparatório de missões. Concordo que toda e qualquer pessoa que tenha interesse, experimente a atuação. Também concordo que todos os que se sentem atraídos pelo violão, tentem aprender a tocar. Eu fiz isso. Mas concluí que não é exatamente a minha arte e não tentarei evangelizar ninguém tentando tocar violão.

O segundo modelo (ou modismo) é uma espécie de "teatro-pregação" realizado dentro das igrejas. Bastante disseminado a partir dos anos 80. Talvez por aqueles entusiastas oriundos de bases missionarias. Normalmente são produzidas peças muito curtas ou sketches de sentido óbvio. Com textos mais elaborados e boas atuações pode vir a ser uma excelente ferramenta para o ensino e a exortação. O grande risco é que isso simplesmente se transforme em entretenimento medíocre, como ocorre com a tradicional peça de Natal na cultura evangélica americana. Neste caso, pode-se aproveitar esse aspecto cultural e "re-evangelizar" os crentes americanos para o teatro com performances surpreendentes.

O terceiro e não menos importante é uma variação mais moderna do anterior. São produções em audiovisual de curta duração e compartilhadas nas famosas *video sharing platforms* ou *video hosting platforms*. Uma moda bastante difundida pela facilidade da edição digital e pelo fácil acesso a essas plataformas. Excelente! O problema está no fato de que essas produções, na maioria das vezes, tendem para a comédia pastelão e, salvo raras exceções, não passam de um entretenimento corporativo medíocre. Mas acho importante que continuem sendo produzidos, pois da quantidade pode vir a qualidade. Em alguns casos são bastante criativos, bem produzidos e servem, como mínimo, para o desenvolvimento do ator diante das câmeras.

Quanto às plataformas, devemos aproveitá-las ao máximo, já que provaram ser um excelente caminho para as produções independentes. As ferramentas técnicas digitais estão à disposição como nunca. O que precisamos é melhorar a qualidade artística dos atores, diretores, produtores e roteiristas.

O problema é que hoje existem milhões de pessoas com uma câmera na mão, um computador na rede, muita minhoca na cabeça e uma vontade enorme de ser blogueiro. É como se no século XIX fossem distribuídas telas, tintas e pinceis para todo mundo, porém nem todos seriam um Rembrandt ou um Van Gogh!

Voltando ao tema inicial, alunos das bases missionárias ainda são treinados para o evangelismo de rua usando o gênero teatral da Mímica como sendo a forma ideal. O problema é o conceito equivocado de que a mímica seria mais fácil realizar por não haver fala. O bom e velho teatro de rua ainda existe e continua sendo fascinante. Se esses grupos conhecerem os antiquíssimos e eficazes gêneros teatrais populares e sua riqueza de recursos, poderiam rever seus conceitos.

O resultado dessa falta de entendimento, salvo raríssimas e milagrosas exceções, é muito pobre. Ao ministrar para alguns grupos, tive a oportunidade de esclarecer que mímica é um gênero para o qual o ator deve ter um preparo especial e específico. Em uma comparação simplória, a Mímica está para o Teatro assim como a Neurologia está para a Medicina geral. Confesso que continuarei orando para que surjam excelentes mímicos no campo missionário e promovam um avivamento nessa área.

Algumas igrejas possuem grupos de teatro ativos que tentam fazer um bom trabalho, mas normalmente atores e diretores são pressionados pelas demandas internas a fim de cumprir agendas festivas, que comprometem a qualidade. Há um desconhecimento da arte teatral e suas exigências mínimas de qualidade. Quando os artistas tentam desesperadamente corresponder aos anseios da liderança, o resultado são trabalhos ruins e isso é frustrante.

Na ânsia por tentar equilibrar o binômio demanda-qualidade, alguns grupos teatrais ligados a igrejas tendem a seguir alguns modismos que somente aumentam o problema. Empregam outras ferramentas ou gêneros teatrais supostamente mais fáceis e atrativos. Um deles, igualmente mal compreendido, é o *Clown*. Se é que pode ser chamado de gênero. Eu não entendo assim. O que passou a ser divulgado em muitos lugares como um gênero teatral é na verdade um recurso de interpretação autoral muito delicado e sofisticado.

A personagem clown mais conhecida é o Carlitos de Charles Chaplin. Eu prefiro o Monsieur Hulot, criação do cineasta e ator francês Jacques Tati. É mais delicado, poético e consegue passar uma naturalidade farsesca que incomoda. Atinge e supera seu objetivo cênico. Aliás, a composição das personagens da família Arpel no filme "Meu Tio" (Mon Oncle, 1958) é igualmente clown. São muito divertidas as interações dessas personagens com os gadgets da casa futurista. "Meu Tio" explora com deliciosa caricatura a mediocridade dos novos ricos do pós-guerra e aponta profeticamente para a tragicomédia "simpsoniana" da população ocidental de hoje.

Outro filme que a meu ver explora o recurso de clown de forma poética, e quase imperceptível, é "O Baile" (Le Bal, 1983). Com direção do italiano Ettore Scola, é uma adaptação do espetáculo teatral homônimo montado pelo Théatre du Campagnol em Paris. As personagens são caricaturas sociais e atemporais que desfilam no salão de baile de um clube que é palco e testemunha da evolução temporal da cultura pop na França. Excelente. Se o leitor é ator/atriz e ainda não assistiu, pare de ler aqui, assista e depois prossiga a leitura.

A palavra clown significa simplesmente palhaço. Ponto. O palhaço é por excelência a caricatura artística do ser humano. Sua estética, como recurso de interpretação e formação da personagem, apela para o exagero do próprio ator. De forma que o ator usará suas próprias características físicas mais evidentes a serviço da personagem emprestando-as a essa.

O tipo popularizado por Chaplin é o que chamo de clochardisation, ou seja, onde a personagem se parece com um clochard, a palavra francesa que define uma espécie de mendigo por opção e estilo de vida. Talvez até haja alguma lógica espiritual nisso, pois o mendigo em si mesmo é uma caricatura do ser humano.

Esse recurso estético e criativo é fascinante. O problema reside numa ideia recente e equivocada de que clown é um outro teatro. A ponto de vermos gente ministrando "oficinas" de clown como uma arte específica ensinável a todos, assim como se ensina a fazer origami ou cozinhar tapioca. Repete-se o erro do uso indiscriminado de uma ferramenta maravilhosa, mas naturalmente restrita a poucos. Não é todo dia que se encontra por aí um Jacques Tati ou um Charles Chaplin, com um dom natural e específico.

Muita gente aprende a fazer origamis simples, como os pássaros tsurus, porém poucos são os que trabalham incansavelmente para construir figuras sofisticadas em miniatura com 13 dobras no papel. Existem milhares de jogadores de futebol no mundo, mas invariavelmente somente 1 entre 11 será goleiro. Pouquíssimos chegarão a ser bons técnicos. Não tem como ensinar alguém a ser goleiro ou centroavante sem primeiro ensinar os rudimentos do futebol. Gosto de usar os exemplos do esporte. Ajudam a explicar o óbvio.

Graças a Deus, isso vem mudando gradativamente. Hoje existem mais artistas realmente aplicados e com mais liberdade de trabalhar. Além disso também existem mais artistas buscando capacitação em cursos e oficinas teatrais.

Atores e atrizes dedicados têm muito trabalho. Seu instrumento é o corpo e a psiquê. Para alcançar um resultado correto precisam criar o papel, construir a personagem estudando texto e contexto, preparando o corpo, construindo detalhes psicológicos e emocionais, culminando em uma atuação convincente. Existe um tempo necessário mínimo para isso. É quase tão complexo quanto uma gestação.

O cristianismo no cinema

Existem boas produções cinematográficas com inspiração bíblica, com bons trabalhos de ator, principalmente nos EUA. Uma produção que deixou a desejar foi o filme "Quarto de Guerra". Um argumento excelente que é desperdiçado por um roteiro pobre e previsível, mas é salvo pela atriz que interpreta a intercessora. Tem sentido! É uma pena, pois gosto muito desses produtores que realizaram outros filmes muito melhores, como o excelente "Corajosos" (Courageous, 2011), além de "Desafiando Gigantes" (Facing the Giants, 2006) e "À Prova de Fogo" (Fireproof, 2008). São histórias de pessoas comuns e voltadas a um contexto genuíno de testemunho do agir de Deus. O ator e diretor Alex Kendrick é um corajoso e dedicado artista do Reino. Sou seu intercessor e oro para que tenha cada vez mais inspiração e recursos.

Um exemplo de argumento e roteiro bons, mas produção péssima foi o filme "O Peregrino", de 2008, baseado no excelente livro homônimo de John Bunyan. Há uma notícia de um novo projeto cinematográfico baseado nesse livro, com a produção de Darren Wilson e com o mesmo nome: "The Pilgrim's Progress". Espero realmente que faça jus ao livro.

Existem algumas ótimas produções inspiradas na Bíblia, com roteiros romanceados a ponto de gerar algumas distorções teológicas, mas que não chegam a ser heréticos. É o caso do Paixão de Cristo (The Passion of the Christ, 2004), de Mel Gibson e do Ressureição (Risen, 2016), de Kevin Reynolds.

No entanto existem outras, supostamente baseadas na Bíblia, que são recheadas de distorções e gnosticismo. É o caso de "Noé" (Noah, 2014), de Darren Aronofsky e de "Êxodo: Deuses e Reis" (Exodus: Gods and Kings, 2014) de Ridley Scott. A boa notícia é que as histórias expostas no Pentateuco continuam intrigando as pessoas. É bom que existam obras assim mesmo que distorcidas. Que isso sirva para provocar artistas visionários com conhecimento bíblico a fazerem algo melhor. Sugiro que o leitor assista a esses filmes com o dedo na tecla pause e com a Bíblia ao lado para conferir. No mínimo servirá como um bom incentivo para o estudo bíblico.

A recente produção "A Cabana" (The Shark, 2017), baseada no livro homônimo de William Paul Young é um exemplo de êxito, com um elenco que parece ter sido selecionado profeticamente. Um bom roteiro e direção bem conduzida do até então pouco conhecido diretor e roteirista britânico Stuart Hazeldine, em seu primeiro filme de grande orçamento. Ele foi o primeiro diretor a colocar um ator judeu israelense em tela no papel de Jesus. Mais à frente detalho um pouco sobre o trabalho dos atores. Enfim, um filme sincero e bem realizado, apesar das típicas críticas da mídia majoritariamente anticristã. Interessante que o principal alvo da crítica foi um suposto proselitismo da obra. Os mesmos críticos não reclamaram do proselitismo hinduísta de "As Aventuras de Pi" (Life of Pi, 2012). Ambas são narrativas de aventuras pessoais permeadas por simbolismos religiosos, cada uma dentro de sua cosmovisão. Em termos de qualidade cinematográfica creio que ambos estão no mesmo nível. Só que a prática atual da mídia é avaliar com diferentes pesos e medidas. Alguns críticos elogiaram justamente uma suposta "salada de crenças" mostrada em "Pi" e composta por hinduísmo, islamismo e cristianismo. Porém esquecem que o costume básico do hinduísmo é justamente acrescentar mais deuses ao seu leque. Quem não aceita isso é justamente o Cristianismo, bem como o Islã igualmente monoteísta.

Cabe citar duas frases marcantes de Hazeldine em uma entrevista a Martin Saunders, colaborador da Christian Today, indicando o fato de evidenciar no filme o horrível sequestro da menina Missy que afinal é o mote principal da busca de Mackenzie pelo Deus Pai:

"I think that having honesty about the darkness of life is something that tends to go hand in hand with good art"; e "You can't make a Disneyfied version of Christianity in your art and expect it to come out well."

Em minha própria tradução:

"Eu acho que ser honesto quanto ao lado sombrio da vida é algo que tende a andar de mãos dadas com a boa arte."; e "Você não pode fazer uma versão 'disneyficada' do Cristianismo na sua arte e esperar que isso dê certo."

Concordo em gênero, número e grau.

A crença e o trabalho do ator

Independente da visão do autor ou roteirista, assim como dos produtores ou do diretor, o ator deve fazer sua parte para que a obra tenha sentido, seja convincente e expresse corretamente O QUE se quer dizer, independente do COMO.

É claro que existem trabalhos ou personagens compostos que individualmente não comprometerão o todo, por conta da crença ou descrença do ator na mensagem proposta. De qualquer forma, a fé cênica somente é gerada se existir a crença na verdade da personagem.

Assim como um cristão não pode compactuar com uma empresa onde os dirigentes sonegam impostos ou pagam propina a políticos, da mesma forma ele não pode compactuar com produções que destroem e denigrem a dignidade humana, o bom senso e os direitos humanos. De uma forma geral, não deveriam compactuar com produções que atacam frontalmente a fé cristã.

Outra coisa é o trabalhador (ator ou não) estar presente em uma empresa ou produção artística com o entendimento de seu propósito naquela empreitada. É como o profeta Daniel trabalhando nas cortes babilônicas. Não compactuava de todos os ideais daquele império, porém cumpriu seu trabalho sem se desviar de seus princípios. Foi livrado da armadilha dos sátrapas por milagre e influenciou o Rei Dario. Novamente há uma linha tênue entre posicionamento e pusilanimidade. O artista tem obrigação de distinguir isso.

Em todos os sentidos, o ator deverá preparar-se justamente para obter os resultados corretos.

6 TEATRO, ATOR E MÉTODOS

(Nota do Autor: Se você é um ator, diretor ou produtor teatral experimentado, pode pular este capítulo. Serve apenas como uma ajuda-memória ou como um resumo geral.)

O Teatro

Segundo a Enciclopédia Britânica, a palavra teatro deriva do grego theaomai [1] (θεάομαι) que corresponde a olhar com atenção, perceber, contemplar (1990, vol. 28:515). Theaomai não significa ver no sentido comum, mas sim ter uma experiência intensa, envolvente, meditativa, inquiridora, a fim de descobrir o significado mais profundo; uma cuidadosa e deliberada visão que interpreta seu objeto (Theological Dictionary of the New Testament vol.5:pg.315,706)

Segundo alguns historiadores, o homem sempre empregou a reprodução de gestos e sons para contar histórias, com isso talvez tenham nascido os primeiros elementos de uma arte teatral.

Porém os contos de história de caçadas em várias civilizações - e isso associado a alguma forma de agradecimento a alguma divindade pelo êxito - poderiam ter gerado as primeiras manifestações de encenação de histórias.

De forma mais organizada seria o trabalho dos rapsodos que seriam contadores de histórias que recitavam poemas nas festas gregas pagãs denominadas dionisíacas, em honra ao deus Dionísio.

A primeira obra literária conhecida a referir a arte teatral foi a Poética de Aristóteles (aprox. 335 a.C.) e os primeiros autores teatrais conhecidos como tal foram os gregos com as tragédias e comédias. Os tragediógrafos mais conhecidos e considerados importantes são Ésquilo, Sófocles e Eurípedes. Os comediógrafos são Aristófanes e Menandro.

Os romanos com a cultura de pão e circo desenvolveram mais a comédia. Na Idade Média o teatro esteve associado também ao catolicismo. Existiam representações de histórias bíblicas durante as missas, porém por medo de que os artistas deturpassem as histórias, a igreja tirou os artistas dos templos. Bom, daí eles foram para as praças. Surgiram as comédias bufas e os saltimbancos que viajavam com suas carroças-teatro.

No período identificado como renascimento italiano, surgiu a Commedia dell'arte que era uma fórmula para contar as histórias populares através de personagens fixos como o Pierrot, a Colombina e o Bufão.
Enquanto isso, a Inglaterra da Rainha Elizabeth I foi o primeiro lugar do Mundo em que os artistas gozavam de um certo privilégio e reconhecimento real. Assim surgiram os grandes dramaturgos ingleses e o mundo deu as boas-vindas a William Shakespeare. Esse gênio com recursos e liberdade para trabalhar, criou obras interpretadas e adaptadas até hoje, sendo a grande referência para o teatro em todo o mundo. Foi no período elisabetano que surgiu a profissão de ator como algo respeitado na sociedade. Ao ponto de o próprio Shakespeare haver escrito textos pensando em atores específicos para interpretá-los.
Um livro excelente que ilustra muito bem esse período é "1599 – Um ano na vida de William Shakespeare" de James Shapiro. Leitura recomendada para quem quer conhecer mais a história. Foi nesse ano a construção do famoso teatro "The Globe", local em que foram encenadas grandes peças de W.S. Teria sido destruído por um incêndio durante a apresentação de "Henrique VII" depois reconstruído e destruído novamente após a guerra civil inglesa. Nos anos 1990 foi reconstruído por iniciativa do ator e diretor americano Sam Wanamaker e é hoje um espaço cultural ativo em Londres.

Nos séculos XVIII e XIX o teatro europeu sofre as influências da Revolução Francesa. Uma burguesia renascida também trouxe mudanças no teatro onde o drama substitui a tragédia e a comédia sofre mudanças. O romantismo no teatro foca nos problemas individuais destacados dos problemas sociais. Aumenta o emocionalismo e surge o melodrama.

A partir do final do Século XIX e início do Século XX surge um teatro realista e naturalista, ou seja, com situações mais próximas da realidade e personagens mais comuns e próximas da vida real. A partir daí começa a evoluir a arte dramática da forma como a conhecemos hoje.

Sugiro leituras adicionais sobre história do teatro e movimentos artísticos para quem quer aprofundar seus conhecimentos.

O ator

Segundo o dicionário Michaelis, ator é "1 Indivíduo que atua em alguma ocorrência.
2 TEAT, CIN, TV Homem de talento para representar em teatro, cinema ou televisão. 3 Aquele que sabe fingir."

O termo em grego é ὑποκριτής (hupokritḗs), literalmente "aquele que responde". O termo também pode significar intérprete, fingidor, jogador, alguém que finge.

Fiquei chateado quando vi certa vez uma pregação onde o pastor associava o termo grego somente ao fingimento, exaltando essa ideia negativa do religioso fingido - "hipócrita" - à figura do ator.

Por isso busquei socorro no próprio mundo dos dicionários para salvar nossa reputação. O "Diccionario dos Synonimos e Poetico e de Epithetos da Lingua Portugueza" de J. I. Roquete e José da Fonseca (Paris, 1871) traz no item 522 a comparação entre os seguintes termos: "Hipócrita" e "falso beato". Numa transliteração para o Português atual, seria assim:

"A primeira destas palavras é o gênero, a segunda a espécie. Hipócrita é a palavra grega ὑποκριτής, que significa ator, comediante; e no sentido figurado, homem fingido, dissimulado; (...). O falso beato é um hipócrita religioso, que debaixo de aparências e práticas devotas oculta vergonhosos vícios."

De qualquer forma o conceito geral e atual de ator é: O artista que compõe e representa uma personagem para as linguagens do teatro, do cinema, da televisão, do rádio ou da web.

Para isso ele deve estar apto ao trabalho, preparando-se em cursos específicos de interpretação. Ao assumir um trabalho específico, sabe que deverá estudar sua personagem e compô-la fisicamente, emocionalmente e psicologicamente. Para fazer isso, o ator usa dons naturais, competências físicas e vocais, e lança mão de métodos e recursos diversos.

Entendo que a arte dramática é a mais simples forma de arte pois pode e deve contar somente com os recursos individuais do ser humano: o corpo, a alma e o espírito. Também é a mais complexa forma de arte exatamente pelo mesmo motivo.

O Método.

A base teórica mais importante acerca do trabalho do ator é o conjunto das obras escritas por Constantin Stanislavski. Por volta de 1906 e à frente do Teatro de Arte de Moscou, Stanislavski começou a rascunhar seu sistema de trabalho para atores. Ele deu uma nova roupagem ao conceito naturalista do teatro em contraposição às formas de interpretação exageradas e declamatórias que se propagavam até então.

Seu trabalho e suas publicações foram a base para tudo o que veio depois e serviu de ponto de partida para o desenvolvimento de outros métodos. Praticamente toda a teoria que temos hoje nesse sentido são derivações e desdobramentos do seu Método.

Em sua concepção, o diretor de teatro, encenador ou *metteur en scène* (acho que o termo em francês é o mais apropriado), deveria funcionar como um maestro do espetáculo e o ator seria responsável por dar vida o mais realista possível à personagem. O ator deve primeiro conhecer, entender e analisar o texto, fazendo uma exegese. Isso já é um grande trabalho pois o texto, num sentido metafísico é o "verbo" do autor. E o verbo da personagem deve fazer-se carne na pessoa do ator. Por isso usa-se muito o termo "encarnar" uma personagem. Pode parecer herético para alguns, mas é uma boa forma de exemplificar. Toda ação humana reflete o mundo espiritual, quer creiamos nisso ou não, pois não depende de crença individual.

Para que o ator dê vida à personagem é necessário desfazer-se de sua personalidade e emprestar-se para compor uma personalidade alheia. O método de Stanislavski se espalhou pela Europa gerando discípulos e resultados surpreendentes.

Jean Jacques Roubine, em seu livro "Introdução às Grandes Teorias do Teatro", descreve bastante bem o trabalho de Stanislavski. Quanto à relevância da vida que o ator deve dar ao papel, ele cita:

> *"Ao mesmo tempo empírico e pragmático, Stanislavski inventa todo tipo de técnicas de treinamento do ator. Todas têm um objetivo comum: eliminar o formalismo e a mecanização da representação, romper com as rotinas, aniquilar os estereótipos. A seus olhos, não há interpretação digna desse nome senão irradiada por uma **intensa vida interior**."* (grifos meus aqui e abaixo).

Se o leitor for artista de teatro talvez seja desnecessário, mas se for um novato ou interessado de outra área, sugiro a leitura da trilogia stanislavskiana básica: "A Preparação do Ator", "A Construção da Personagem" e "A Criação de um Papel".

Em seguida, Roubine destaca:

> *"Não há tampouco, na concepção stanislavskiana, encarnação viva se não se encarrega de um **duplo "vivido"** que o ator deve se esforçar por fazer coincidir: o*

> *"vivido" imaginário da personagem e o "vivido" real do intérprete. Para fazer isso, Stanislavski não hesita em dotar protagonistas, comparsas e figurantes de "biografias" duplamente fictícias, uma vez que são uma construção imaginária aplicada a figuras que não deixam de sê-lo também! Quanto ao "vivido" real do ator, é mobilizado para assegurar a singularidade viva da interpretação.*
>
> *A dificuldade maior, no trabalho do ator, diz Stanislavski, é que ele deve lutar a cada noite contra tudo o que ameaça o frescor, o aflorar de sua interpretação, contra tudo que faz disso uma coisa morta: a rotina, o automatismo, a insinceridade etc. No caso, o problema se complica pelo fato de que o ator deve ao mesmo tempo provocar um desencadeamento de uma emoção que irá transfigurar sua encarnação e que mergulhará suas raízes em sua **"memória afetiva"**, e tornar essa emoção perceptível e compreensível para o espectador. O que supõe um trabalho de formalização complexo e um controle constante de suas repercussões, tanto sobre o público como sobre o ator ou seus parceiros. Eis por que Stanislavski exige de seus atores uma autodisciplina aprofundada, um domínio de todas as técnicas corporais e vocais."*

Isso ilustra de forma abrangente o cerne do Método de preparação do ator desenvolvido pelo russo e o seu Sistema. Decidi voltar a essa fonte pois, como citamos, todos os métodos de preparação de atores têm como ponto de partida o trabalho de Stanislavski.

Gostaria de poder falar mais aqui sobre o simbolismo no teatro, que não vejo como uma contraposição crítica ao realismo stanislavskiano. Pelo contrário, o uso metafísico e espiritual do símbolo no teatro nos remete às suas origens. Porém, por meu sistema de crenças vejo um pano de fundo e um universo mais abrangente do que o Olimpo, o que abre a imensas possibilidades. Mas isso seria tema para um outro livro mais denso.

Roubine segue explicando acerca dos conceitos do mestre russo:

> *"Uma vez adquirido esse domínio, o ator estará em condições de pôr em prática o que Stanislavski chama de **reviver**. O reviver, em sua terminologia, é a antítese do representar. O ator que "representa" se limita a utilizar formas batidas, convencionais dos estereótipos. O reviver, ao contrário, é o encontro de uma dada situação dramática e do passado íntimo do ator. Este se apropria totalmente da situação proposta pelo autor articulando-a a uma experiência vivida idêntica ou homóloga. Por exemplo, se representa um crime passional (Otelo), buscará encontrar nele a memória de um sofrimento passional superagudo... Com isso, a interpretação escapará aos lugares-comuns. Irá adquirir uma singularidade, uma autenticidade que darão ao espectador a sensação de uma urgência completamente nova ou, se preferirem, de um "natural" ainda nunca atingido. Uma vez mais, o gênio do homem de teatro consiste em deslocar as fronteiras entre o "real" e a "representação" e em*

expandir o campo desta última."

No Brasil os profissionais de teatro tiveram conhecimento do Método de Stanislavski principalmente através de Eugenio Kusnet, a partir de 1961 quando este lecionava Arte Dramática no Teatro Oficina. Vale a pena citar aqui a definição de Arte Dramática por Stanislavski: "Arte Dramática é a capacidade de representar a vida do espírito humano em público e em forma artística."

O Santo Ator

Jerzy Grotowski baseou seus experimentos teatrais no método de Stanislavski, levando ao extremo as ações do ator a serviço da personagem. E desenvolveu um teatro ascético. Ele defendia a ideia de um "teatro pobre", no sentido de que o ator não deveria depender de elementos externos, nem sequer de maquiagem e figurino, para a composição da personagem. Nessa pureza extrema estaria a liberdade para a interação perfeita entre ator e espectador. Ele dizia: "Consideramos a técnica cênica e pessoal do ator como a essência da arte teatral". No seu livro "Em busca do teatro pobre" ele declara:

"A arte não é um estado da alma (no sentido de algum momento extraordinário e imprevisível de inspiração), nem um estado do homem (no sentido de uma profissão ou função social). A arte é um amadurecimento, uma evolução, uma ascensão que nos torna capazes de emergir da escuridão para uma luz fantástica".

Essa foi, definitivamente, uma declaração profética.

O Método no Cinema

Foi o ator estadunidense Lee Strasberg quem tornou o método mais conhecido no mundo por introduzi-lo no Actors Studio de Nova York nos anos 50. Porém, nos Estados Unidos o método foi ensinado basicamente sob três diferentes ênfases: Lee Strasberg (1901–1982) enfatizou o psicológico, Stella Adler (1901–1992), o sociológico, e Sanford Meisner (1905–1997) o comportamental. O trabalho desses três professores foi conduzido primordialmente visando o ensino nas academias de formação de atores de teatro.

O conceito que o grande público, a cultura de massa, tem a respeito de boas interpretações de atores e atrizes está normalmente relacionado ao cinema. Principalmente o produzido pelos estúdios de Los Angeles. A aplicação do Método na produção cinematográfica sempre foi eficaz e ajudou grandes atores e atrizes a serem laureados nas grandes premiações. Há quem afirme que o excesso de zelo em sua aplicação pode provocar confusões psicológicas e até acidentes.

Para fazer Touro Indomável (1980), Robert De Niro aprendeu a lutar boxe e engordou mais de 25 Kg. O mesmo De Niro virou taxista de verdade com licença profissional e tudo para preparar sua personagem em Taxi Driver (1976) e foi indicado ao Oscar. Daniel Day-Lewis também é outro grande entusiasta do Método. Para interpretar o paralítico Christy Brown, no filme Meu Pé Esquerdo (1989), ele quebrou duas costelas exagerando em sua preparação para fazer as coisas com o pé.

Existe os casos mais leves como o de Michelle Williams, em Sete Dias com Marilyn (2011) que teria chegado a usar um cinto prendendo as pernas a fim de reproduzir a forma de andar de Marilyn. E ainda o de Joaquin Phoenix em Johnny & June. Na época das filmagens ele só atendia por "JR", que era como os íntimos chamavam o verdadeiro Johnny Cash.

O mais extremo, porém, talvez tenha sido o de Heath Ledger para o papel do Coringa (em "O Cavaleiro das Trevas"). A preparação extrema teria causado sua morte segundo opinam alguns, apesar de seus familiares negarem o fato. Aqui faço uma observação mais pontual. Não sei se era uma ideia velada do roteiro original, mas nunca vi nenhum vilão como o dessa versão do Coringa. Foi a melhor personificação de Satanás que já vi. Sua atuação chegou a ser perturbadora. Mais à frente voltarei a tocar nesse assunto por outro motivo.

John Cassavetes

Para que o resultado da criação do papel seja eficaz, para que a personagem transmita verdade, a fé-cênica não pode se converter numa espécie de fanatismo-cênico ou religiosidade-cênica, sob o risco de que o ator viva a hipocrisia do hipócrita, somente tolerada no meta-teatro.

Cassavetes justamente é um capítulo à parte na arte da atuação. Como ator, absorveu basicamente o método pela escola estadunidense. Como realizador, com a sensibilidade artística altamente aguçada e cum grano salis proporcionado inclusive pelo seu feliz casamento com Gena Rowlands, transformou-se em um diretor excelente e independente, num sentido diferente do que se chama hoje de "cinema independente". Ele dominava todo o processo da arte cinematográfica, desde o roteiro, a criação do papel, a mise-en-scène e a finalização.

O grande diferencial de Cassavetes foi a sua sensibilidade como cineasta, de dar liberdade de criação aos atores. Não era uma liberdade condicional, pois ele entendia o drama - sem trocadilhos - dos atores quando da composição da personagem. E essa liberdade se estende em todo o processo de criação cinematográfica. Poucos diretores tradicionais arriscaram-se tanto assim. Ele o fez e obteve resultados excelentes. As personagens compostas por Gena, Ben Gazarra e o próprio John são carregadas de verdade e fé-cênica genuína. Não foi à toa que recebeu indicações valiosas ao Oscar e premiações nos festivais de Veneza e de Berlin onde recebeu o Urso de Ouro por Love Streams (1984). Todos os seus filmes são importantes para quem quer aprender mais sobre atuação, direção e roteiro. Shadows, Faces e Love Streams são imprescindíveis.

Existe um fato curioso sobre Shadows (1957), seu filme de estreia que teve uma segunda versão em 1959. Em 1956 Cassavetes ministrava uma oficina de teatro em Nova York como uma alternativa e sua visão do Método. Um exercício de improvisação foi o que inspirou o filme. Ele arrecadou dinheiro entre amigos e familiares, assim como num programa de TV para a produção. Seu propósito inicial era fazer filmes baseados em histórias de pessoas comuns. Fez um trabalho excelente em sua vida como artista por colocar em prática essa sensibilidade e verdade em desnudar a alma humana. Shadows trata do relacionamento de um casal "inter-racial" no conceito americano da época. Mas isso fica apenas como pano de fundo pois o argumento explora as relações humanas em si, suas misérias, maldades, encrencas e desastres, mais próximas da vida real e de forma inteligente. Tem muita relação com os aspectos de verdade da personagem que exploramos aqui.

Realismo fantástico

Apesar de me ater mais aqui ao entendimento geral de que o Método de Stanislavski e suas variações estão baseados no realismo como meta e resultado, o próprio Stanislavski fez experimentos no campo impressionista e no "fantástico".

Segundo alguns estudiosos (RIPPELINO, Angelo Maria. Maiakovski e o teatro de vanguarda. São Paulo: Perspectiva, p.82. AND Carnicke, Sharon Marie. Stanislavski on focus. New York: Routldege, 1998.), por volta de 1906, Stanislavski teria provado o Hatha Yoga e o Raja Yoga. Segundo esses teóricos, isso teria sido uma prova de sua busca pelo espiritual ou transcendental no trabalho do ator. De fato, prevaleceu uma ênfase muito forte apenas no realismo puro e duro por causa da ditadura comunista estalinista. A partir de 1934, o regime obrigava os atores iniciantes a treinarem pelo Método nessa visão simplificada justamente porque ajudaria a endossar o pacote do "realismo socialista".

Em seu livro "Minha Vida na Arte" (STANISLAVSKI, C. Mi Vida en el Arte. Buenos Aires: Quetzal, 1991, p. 222.) o mestre considera que o ator pode viver um contínuo transitar entre físico e espiritual ou entre alma e corpo do ator e da personagem. Como se fosse uma dupla personalidade.

Para resolver isso, Stanislavski sugere um sistema onde o ator desenvolve um estado de vivência prática da mesma forma que faz para representar, vivendo de forma simbólica os problemas da personagem. Isso influenciaria no estado anímico e na criatividade do ator. Aqui ele coloca o ator como "criador".

Para alcançar isso, Stanislavski indica um caminho e uma sequência. Primeiramente a submissão do "aparelho físico" do ator, o seu corpo, ao comando de seu cérebro. Em seguida o ator deve tratar de fazer seu físico trabalhar sob esse comando, integrando mente, espírito e físico. Usando plenamente os cinco sentidos, a memória, cada parte do corpo, pensamento, vontade, sentimentos e sua imaginação. Ao exercitar isso, o ator constrói como uma "segunda vida" da personagem, construindo uma verdade cênica, conforme citado anteriormente, baseada em um "se" imaginário. Esse processo, segundo Stanislavski vai não somente gerar como também retroalimentar a "fé cênica", ou "fé criadora".

7 O MÉTODO MAI

Meus processos, como ator, na criação do papel e formação da personagem sempre foram intensos. No início, muitas vezes me apaixonava pela personagem no primeiro contato. Realmente tratava-se de amor à primeira vista. Por vezes, após algum tempo, o amor apagava ao ponto de rejeitá-la. Sempre nas primeiras leituras era algo intenso e depois esfriava. Posteriormente entendi que isso era mais comum do que eu imaginava entre os atores. Por isso devemos ser técnicos e metódicos. Com trabalhos de laboratório e estudo de personalidade, recomeçava do jeito certo a construir. Na verdade, qualquer bom trabalho de ator não é fácil. É muitas vezes um processo doloroso de amor e ódio. Quando não se consegue equilibrar e combinar essa intensidade com o talento e o esforço profissional, o que temos são representações medíocres e isso pode ocorrer com qualquer ator ou atriz. Portanto é importante seguir um método que, no mínimo, garanta o cumprimento dessas etapas necessárias.

Sobre o trabalho árduo do ator, gosto de citar o seguinte texto do dramaturgo e diretor teatral português Luis Miguel Cintra:

"Há peças que nenhum espectáculo poderá pôr em cena. É o caso do Hamlet. É o caso de A Vida é Sonho. E personagens que nenhum actor solucionará. É o caso de Hamlet. É o caso de Segismundo. Há no teatro obras-primas, construções tão ricas e perfeitas, invenções capazes de suportar tanto sentido que qualquer interpretação as limita, qualquer carne que se lhes dê rouba-lhes tudo. Como fazer? Como noutros casos fizemos. Sendo humilde. Pondo em cena apenas uma peça de teatro. E já é tanto. Que nesta peça está tudo, a luz e a sombra, o horror e a alegria, o monte e o palácio, ambos prisão e liberdade, ambos palco. Queremos simplesmente dá-los a ouvir e ver, com clareza, sem alarde, com alguma austeridade e só sinais do

esplendor, com a nobreza que os temas exigem, mas com o grande prazer do espectáculo e das suas velhas convenções, e o prazer de construir com palavras, sons, imagens, histórias, personagens e pessoas vivas e amadas, essas flores efémeras com que o Fígaro juncou a estrada da sua vida, 'a ventura humana'. 'E quero hoje aproveitar o tempo que ela durar/' (que o tempo foge e o sepulcro nos espera) 'pedindo de nossos erros / perdão, pois de nobres peitos / é tão próprio o perdoar'. Mas toque a fanfarra antes de chegarmos ao céu."

Nenhum ator ou atriz, trabalhando humildemente, questiona se deve ou não usar um método, o que ocorre são as variações das ferramentas empregadas e obviamente que a visão de mundo de cada um influirá nesse processo. Exemplifico. Se um ator da Bollywood é hinduísta - e a chance estatística de que isso ocorra é majoritária - haverá uma tendência de que ele use elementos de seu conjunto de crenças para a criação do papel, mesmo baseando-se no método de Stanislavski. É provável, por exemplo, que esse ator tente buscar alguma experiência emotiva em vidas passadas que crê ter vivido. Isso realmente contribui pois o ajudará de fato a compor a fé cênica preconizada pelo dramaturgo russo.

Temos que separar a mensagem da preparação técnica do mensageiro. É provável que, no Ocidente, um bom ator progressista possa transmitir de forma eficaz uma mensagem escrita por um autor conservador. E vice-versa. Certamente o processo fica mais fácil quando se comunga da mesma visão.

Para uma boa performance dramática é imprescindível que uma boa atriz ou um bom ator queira e busque sua capacitação e desenvolvimento profissional. Nossos instrumentos musicais são o corpo e a mente. Isso é básico. Se sou cristão, já devo entender basicamente que o fato de buscar a excelência naquilo que faço é fator intrínseco do princípio da mordomia, trata-se de multiplicar os talentos.

Entendendo que Deus nos confiou sonhos e talentos foi que decidi buscá-lo para retomar essa arte com excelência e temor.

Sendo eu artista e filho, decidi orar e pedir ao Papai por algo novo: ferramentas diferenciadas. Pedi isso partindo do pressuposto que temos acesso a uma fonte especial: O Espírito Santo. É a nascente primária da inspiração que inclusive nos dá *"as maçãs de ouro servidas em bandeja de prata"* para serem ditas na hora certa.

Sendo assim, além das técnicas desenvolvidas a partir de Stanislavski, podemos ter a inspiração do Espírito Santo para a formação de um papel. Pronto! Seria somente estudar bastante, analisar e conhecer o texto, preparar-se como ator, orar para que o Espírito Santo nos ilumine e faremos um excelente trabalho de ator. Certo?

É um excelente começo, mas não seria somente isso. Eu sabia que não. Já havia experimentado antes e, enfim, não seria necessariamente esse formato que poderia produzir um resultado melhor. Decidi seguir orando e fui para as escrituras. Redescobri alguns princípios bíblicos que passaram a fazer mais sentido e achei um tesouro.

O que buscava teria de ser mais do que uma nova variação do Método. Busquei por algo verdadeiro, uma nova teoria e um método de criação artística e formação do papel e da personagem com base em revelação bíblica.

Tratei de relembrar minha trajetória e aprendizado como ator e diretor. Revisitei as variações existentes do Método. Refleti sobre a possiblidade de formar a personagem e criar o papel com excelência e plenitude se o ator, além da base de conhecimento e prática, for direto à verdadeira Fonte de inspiração.

Em espírito e em verdade

Todo artista quando imagina, concebe e cria, o faz de várias formas; escrevendo, pintando, compondo, interpretando, tocando, dançando, dirigindo e executando. Quando cria, realiza sua arte empregando suas crenças funcional e plenamente. Esse composto de crenças vem impregnado por valores morais, espirituais, étnicos, culturais ou até pela ausência destes.

Carregamos conosco um conjunto de características culturais individuais e influenciadas por nosso entorno. Se nos expressarmos de acordo com elas estaremos sendo coerentes com o que somos e com tudo aquilo que nos integra a um ethnos. Isso ajuda a evidenciar em linhas gerais a realidade, a autenticidade e a verdade de uma pessoa.

Partindo desse princípio, o conceito geral de "ser verdadeiro" é ser honesto com suas características. No entanto, muitas vezes esse conceito está socialmente associado ao fato de que a pessoa pode expressar seu estado anímico sem reservas. Infelizmente esta última ideia, em um ambiente hedonista, pode ser usada para justificar grosserias e até mesmo atitudes extremas acompanhadas por expressões como: "Eu apenas estou sendo sincero, porque expresso o que estou sentindo!". Para bem ou para mal, as pessoas expressam a verdade do que são e do que fazem, ainda que suas ações sejam o hábito de mentir, de ser egoísta ou de impor suas ideologias. Os artistas podem carregar isso em suas obras. As pessoas reais inspiram as fictícias.

Quando os mestres afirmam que o ator deve viver a verdade da personagem, significa lançar mão de todo recurso necessário para sua composição e criação do papel, emprestando suas características e memória emotiva. Isso deve ser levado a cabo ao ponto de permitir a geração daquela "fé cênica", ou "fé criadora". Aqui pode-se estimular a aplicação do exato conceito bíblico de fé, que é "a certeza daquilo que esperamos e a prova das coisas que não vemos" (Hebreus 11:1 NVI). Os melhores atores aplicam isso sistematicamente. O ator que tem a revelação dos conceitos bíblicos de fé e verdade deveria sair com vantagem. E realmente isso ocorre. Tenho ministrado para muitos atores cristãos e é impressionante como os resultados são surpreendentes ao associar os conceitos.

Mesmo entendendo isso e empregando em nossos processos de trabalho, eu cria que ainda deveria haver algo mais.

Fico fascinado com a resposta que o Senhor Jesus dá à mulher samaritana que lhe ofereceu água do poço:

*"Mas vem a hora e já chegou, em que os verdadeiros **adoradores** adorarão o Pai **em espírito e em verdade**; porque são estes que o Pai procura para seus adoradores."* (João 4:23 ARA, grifos meus).

O termo para **espírito** é *pneuma* que, pelo Dicionário Bíblico Strong, no item 2 do verbete é "o espírito, i.e., o princípio vital pelo qual o corpo é animado, 2a) espírito racional, o poder pelo qual o ser humano sente, pensa, decide; 2b) alma". No conceito (1) pode referir-se ao próprio Espírito Santo e "1b) algumas vezes mencionado de um modo que enfatiza seu trabalho e poder (o Espírito da Verdade)".

Verdade é aletheia, que pelo mesmo dicionário, significa: "n. f. 1) objetivamente 1a) que é verdade em qualquer assunto em consideração 1a1) verdadeiramente, em verdade, de acordo com a verdade 1a2) de uma verdade, em realidade, de fato, certamente (...) ".

A palavra grega para adoradores e para o verbo adorar é: *proskunetes* "de 4314 e um provável derivado de 2965 (significando beijar, como um cachorro que lambe a mão de seu mestre); TDNT - 6:758,948; v 1) beijar a mão de alguém, em sinal de reverência 2) entre os orientais, esp. persas, cair de joelhos e tocar o chão com a testa como uma expressão de profunda reverência 3) no NT, pelo ajoelhar-se ou prostrar-se, prestar homenagem ou reverência a alguém, seja para expressar respeito ou para suplicar 3a) usado para reverência a pessoas e seres de posição superior 3a1) aos sumo sacerdotes judeus 3a2) a Deus 3a3) a Cristo 3a4) a seres celestes 3a5) a demônios".

A partir desse contexto, fica claro que devemos reverenciar profundamente a Deus com toda nossa alma, nosso entendimento, nossa ação racional, demonstrando nossa decisão em fazê-lo.

Obviamente o artista que é espiritual conseguirá discernir e expressar uma verdade que é espiritual, interpretando uma personagem que, mesmo sendo fictícia, é a expressão de uma verdade composta com fé cênica. Tomemos o exemplo do filho pródigo. É uma personagem fictícia criada por Jesus para contar uma parábola que ilustra a condição espiritual de uma vida longe do Pai, desesperadamente solitária no caso do filho que saiu ou religiosamente cega no caso do filho que ficou. Qual seria a visão do roteirista Jesus de Nazaré para uma composição dessas personagens por atores conectados em espírito e em verdade?

Alegrando-se e entristecendo-se.

Na mitologia grega, existe um grupo de nove figuras denominadas Musas. Em princípio eram as divindades da primavera que depois foram consideradas como as deusas das diferentes inspirações humanas. Segundo as lendas, elas cantavam e dançavam, lideradas por Apolo, para celebrar os deuses e heróis mitológicos. Uma de suas atribuições principais seria a de inspirar os artistas. Duas dessas musas são representadas nas máscaras conhecidas como o ícone do teatro. São a Tália (ou Festividade) para a comédia e a Melpômene (ou Coro) para a tragédia. As máscaras obviamente sugerem que o ator deve estar preparado e inspirado para atuar identificando-se com as tristezas e as alegrias.

No capítulo 12 da carta de Paulo aos Romanos há uma lista de orientações maravilhosas que destrincham por assim dizer o conceito do amor ao próximo, colocando em prática o fruto do Espírito citado em Gálatas 5. No versículo 15, diz: *"Alegrai-vos com os que se alegram e chorai com os que choram"*. Penso que isso resume o conceito da verdadeira intercessão.

É interessante perceber a dimensão que uma afirmação ou um imperativo bíblico pode assumir se o abstraímos como artistas. Aparentemente parece apenas um conselho simpático, mas se a Palavra de Deus diz que temos que fazer tudo como para o Senhor (Colossenses 3:23); que temos que amar a Deus sobre todas as coisas e ao próximo como a nós mesmos; que temos que adorar a Deus em espírito e em verdade, isso significa que para nos alegrar com alguém que se alegra e chorar com quem chora, não podemos fazê-lo superficialmente, se não entendermos verdadeiramente sua alegria ou sua tristeza estaremos sendo superficiais e até mesmo hipócritas, no pior sentido da palavra. Essa definitivamente não é a vontade de Deus para nós.

Paulo diz no mesmo capítulo 12 da Carta aos Romanos que as tarefas são realizadas conforme os dons.

"Porque assim como num só corpo temos muitos membros, mas nem todos os membros têm a mesma função, assim também nós, conquanto muitos, somos um só

*corpo em Cristo e membros uns dos outros, tendo, porém, diferentes dons segundo a graça que nos foi dada: se **profecia**, seja segundo a proporção da **fé**; se ministério, dediquemo-nos ao ministério; ou o que ensina esmere-se no fazê-lo; ou o que exorta faça-o com dedicação; o que contribui, com liberalidade; o que preside, com diligência; quem exerce **misericórdia**, com **alegria**."* (vs 4 a 8)

O artista em geral pode ter que exercer todas as funções acima em seu *métier*, mas duas delas ele terá de realizar sempre: **profecia** segundo a proporção da fé e **misericórdia** com alegria.

No entanto, para exercer a misericórdia é preciso sentir a dor e a miséria de outrem, que é o significado da palavra oiktirmos, sinônimo de eleeo, usada por Paulo nesse versículo. Basicamente significa chorar com os que choram e ainda por cima com alegria.

É difícil? Sim, mas ainda não chegamos no ponto crucial. Portanto, foi para alegrar o coração do leitor que lembramos do ícone mais popular do teatro. As máscaras são de choro e de alegria, lado a lado! Não é profético?

Uma coisa é o artista profetizar na proporção de sua fé. Outra questão é se essa pessoa foi designada por Deus como um profeta no sentido de Efésios 4:11. Sobre isso discorreremos mais adiante.

Ator Intercessor

Diante da proposta stanislavskiana de análise e exegese do texto, criação do papel e preparação do ator, ainda me incomodava o fato de que poderíamos lançar mão de algo que fosse mais além da memória afetiva a fim de reviver a personagem. Afinal a memória afetiva é basicamente de raiz anímica e pode nos pregar peças. Podemos estar emprestando a emoção errada e essa é uma real preocupação da maioria dos atores.

É mister em todos os métodos que o ator resgate e reviva sentimentos, seja por memória afetiva ou por laboratório. O ator cristão deve ampliar esse processo pelo exercício da misericórdia, chorando com os que choram e alegrando-se com os que se alegram.

O ator deve profetizar o que lhe cabe em uma história. Ao mesmo tempo deve viver a vida da personagem em sua verdade. Sendo propositalmente redundante, relembro que para transmitir a verdade cênica o ator precisa exercer a fé cênica. Para que o ator agregue verdade às ações da personagem, precisa inspirar-se em suas próprias emoções ou nas alheias. Entendo que o artista deve ser intercessor e cumprir com zelo a palavra que diz como devemos nos alegrar e chorar respectivamente.

Entendido isso, começamos a aplicar na prática com um grupo de atores com quem trabalhávamos na época. Isso já gerou bons resultados, porém não sou muito diferente de usar puramente os métodos já conhecidos.

Naturalmente quando havia mais empatia por parte de algum ator, a construção da personagem era mais verdadeira.

Porém eu ainda não estava satisfeito.

Como citei antes, se somos considerados filhos do Criador de tudo, temos a chance de usar ferramentas da fonte primordial da criatividade. De alguma forma, os antigos gregos antigos já suspeitavam disso ao nomearem as musas em sua mitologia. O que pouco ou nada sabiam era sobre o acesso direto a esse Criador desconhecido por eles. O caminho foi apontado aos seus filósofos por Paulo no aerópago (At 17:17-31). Quem viveu, viu e creu, aprendeu.

Por isso voltei a orar e pedir por algo mais. Por mais pretensioso que possa parecer eu pedia a Deus nesse novo método para criação da personagem e formação do papel, algo além da confirmação bíblica das ferramentas já conhecidas. Queria um experimento sobrenatural como confirmação.

Até que, como resposta a essa oração, ouvi uma palavra: "Intercessão". Então achei que Deus estava me orientando a parar com aquela insistência e começar a interceder por alguém, afinal, como eu já havia entendido, o ator precisa exercer a misericórdia. Fiz isso. Orei por várias pessoas que me vieram à lembrança, pedindo por elas por vários motivos.

Depois de orar por essas pessoas voltei a orar pedindo por algo realmente novo para o novo método. A resposta veio novamente: "Intercessão". Ok, lá fui eu orar novamente por várias outras pessoas. Pensei que Deus não estava dando a mínima para a minha petição.

Algum tempo depois, achei que havia despistado a Deus com aquele negócio de intercessão. Voltei a orar e pedi de um jeito diferente: "Então, Deus, sabe a questão da interpretação de atores? Então, acho que deve ser feita de forma excelente por aqueles que são seus filhos atores. O que o Senhor acha?". E a resposta? "Intercessão". Bom, nessa altura eu já havia orado por todos que conhecia. Daí orei um pouco por temas gerais. Só faltou orar pela paz mundial, como faria uma candidata num concurso de miss Universo.

Por um tempo eu desisti de pedir por isso, até começar a entender o verdadeiro significado de intercessão.

Normalmente os cristãos têm um conceito errado ou distorcido a respeito. A primeira ideia que vem em mente é aquela terceirização para um grupo normalmente denominado como "ministério de intercessão". Nas igrejas pentecostais é formado por aquelas senhoras de coque no cabelo e que se reúnem nas quartas-feiras à tarde para orar por todos os demais. Na melhor das hipóteses a intercessão está associada à ideia de orar por alguém apesentando petições a Deus, como eu vinha tentando fazer.

O conceito é muito mais amplo. Envolve reproduzir o que foi feito por Abraão em relação a Sodoma, o que foi feito por Moisés em relação ao povo no deserto, mas principalmente o que foi feito pelo Senhor Jesus em relação a todos nós, desde as Bodas de Canaã, passando pelo deserto, por Betânia, pelo Getsêmani, pelo Calvário, pelo Hades, por Emaús e até as nuvens e pela Eternidade passada e futura.

O processo de aprendizado e revelação disso para mim começou na noite de 17 de abril de 2007, em Curitiba. Deitei-me para dormir e quase instantaneamente tive uma experiência inusitada e incomum. Uma espécie de arrebatamento para outro lugar. E não era somente em um outro lugar, mas também em um outro corpo. Eu me via como outra pessoa. Um homem enfermo, deitado em uma cama de solteiro. Do lado direito havia uma cama de casal. Era um quarto grande. Ao lado esquerdo havia uma janela simples sem esquadrias. Todo o lado direito do corpo desse homem estava paralisado. Eu vivia os sentimentos daquele homem mesmo sabendo na experiência que eu não era ele. Sentia sua dor, sua angústia, sua tristeza. Olhava a cama ao lado e lembrava da esposa que o havia abandonado. Via uma mulher e seus filhos que dormiam ao lado nas madrugadas. E sentia a vontade de que fossem os seus filhos que estivessem ali, e lembrava de que a esposa havia levado consigo ao abandoná-lo após o AVC. Olhava para a janela e revia as cenas de tráfico de drogas, de ameaças e de assassinatos presentes por ali. Eu sentia uma tristeza e revolta imensas por estar naquela situação. Essas cenas todas se passavam ora lentas, ora aceleradas no tempo. Ao final eu me via naquele corpo curado e deixando aquela favela com uma alegria extrema.

Quando saí dessa situação, que não era como despertar pois não era sonho, tive um sobressalto e estava com o corpo dolorido como se tivesse levado uma surra. Já eram 6h30 da manhã. Minha primeira reação foi de repreender o responsável por aquilo, achando que fosse uma experiência demoníaca. Antes que pudesse fazer besteira, ouvi uma voz audível que me disse: "Pare com isso! Não é uma experiência maligna! Fui eu que te dei essa experiência!". Entendi que era a voz do Espírito Santo e parei.

Então perguntei em oração: "Senhor, o que significa isso? Essa experiência?" A resposta foi: "Somente se aquiete agora e arquive em sua memória! Na hora certa você saberá!". Ok, entreguei essa situação para Deus e segui a vida.

Dez dias depois fui a São Paulo para uma entrevista de emprego em uma empresa canadense onde trabalhava um amigo português. No dia seguinte à minha chegada tive a notícia de que o amigo que me havia indicado, falecera havia dois dias. Ninguém mais sabia da indicação. Não houve entrevista. Como minha passagem de volta a Curitiba era para 2 de maio, fui visitar uma família de amigos que moravam no Jardim Varginha, um bairro localizado no extremo da Zona Sul da capital paulista.

Esse amigo era pastor de uma igreja naquela região. No feriado do dia primeiro de maio um colega seu, que havia marcado uma visita e um culto doméstico na casa de uma irmã da igreja, simplesmente sumiu. Dessa forma ele teria que cumprir esse compromisso cobrindo a falta do companheiro. Perguntou se eu aceitaria ir com ele. Decidi que sim, afinal "não havia nada melhor para fazer" – pensei.

O local da visita era num bairro vizinho. Em uma favela daquelas controladas por traficantes. Ao passarmos pela rua onde ficava a entrada ele teve dificuldades para entender por onde deveria acessar. Como é de praxe nesses locais, ninguém informava corretamente, com medo de represálias caso fôssemos policiais. Apesar de conhecer superficialmente o bairro onde estávamos, eu nunca havia estado naquela rua. Porém o cenário me era familiar e tive um calafrio. Lembrei da minha experiência de dez dias antes. Estava bem registrada em minha memória.

Após várias tentativas frustradas de encontrar a entrada da favela, eu disse a ele exatamente onde deveria entrar. Ele não entendeu e perguntou: "Como você sabe?". Eu respondi que já havia estado ali antes. Após sua expressão de espanto, eu pedi a ele que parasse de perguntar e que simplesmente entrasse. Quando nos aproximamos, alguns traficantes nos abordaram. Ele se apresentou como pastor, disse a quem procurava e o que faríamos ali. Um deles nos ordenou que fôssemos escoltados e avisássemos quando terminasse a "reza" para sermos escoltados novamente até a saída. Não preciso dizer que a escolta era armada. Grandes emoções.

Ao chegar na casa da irmã, reconheci o local. No único e espaçoso quarto da casa estava seu irmão, em uma cama de solteiro ao lado da cama de casal. Ele tinha o lado direito do seu corpo paralisado devido a um AVC ele havia sofrido, conforme contara sua irmã. Ao lado esquerdo de sua cama havia uma janela, sem esquadrias.

O pedido daquela irmã era para que se realizasse um culto naquela casa e para que o pastor tentasse conversar com o doente sobre o amor de Deus e orar pela sua cura.

Ao iniciar a conversa, esse pastor foi duramente rejeitado pelo homem. Sua revolta era realmente grande e ele disse, entre palavrões, que não acreditava que pudesse ser curado por Deus e muito menos que esse Deus considerasse sua existência.

Após várias tentativas frustrantes de iniciar uma conversa saudável, fui tomado por uma "ira santa" e pedi licença para falar. Me dirigi àquele homem dizendo: Escute aqui, seu ignorante! (devo tê-lo chamado de outra coisa pior, mas por misericórdia, eu esqueci. Serviu para ganhar sua atenção). Eu preciso te contar algo. Eu vivo em outra cidade e há alguns dias antes de vir para cá eu tive uma experiência proporcionada por Deus.

Ele me fez sentir e entender tudo o que você sente deitado nessa cama! E fui descrevendo tudo o que havia **vivido** na noite do dia 17 em minha casa **no papel dele**! E ainda completei: Você acha mesmo que se Deus não se importasse contigo teria feito com que um cara lá em Curitiba passasse uma noite inteira em sua pele, sentindo o que você sente e entendendo o que você passa? Tem algo que eu disse que não seja verdade? – Ele fez sinal negativo com a cabeça – Prossegui: - Agora deixe de ser burro e ouça o que o esse cara está tentando te dizer – apontei para o pastor.

O homem ficou desconcertado. Foi impossível ele não entender que aquilo era sobrenatural. Ficou perplexo e começou a chorar. Disse que estava começando a entender o agir de Deus e aceitou as orações e o culto. Confesso que não tive mais notícias dele depois desse episódio, mas naquele dia houve um culto com vários vizinhos e houve conversões. Quero crer que minha visão profética da libertação daquele homem tenha se tornado realidade.

Voltando a Curitiba de ônibus eu teria pelo menos seis horas para refletir sobre o que havia ocorrido. Enquanto olhava umas quaresmeiras ainda floridas ao longo da Regis Bittencourt, orei e perguntei a Deus por que eu havia passado por aquilo. Resposta do Espírito Santo: "Lembra quando você pediu um novo método para a formação da personagem e criação do papel? "Sim, respondi. "- Então, e qual foi a resposta que te dei? " Intercessão – disse eu. "Se você precisasse interpretar uma personagem baseada naquele homem da cama, como você se sairia? " Acho que me sairia muito bem - respondi. "Então, o caminho para a construção desse método é a intercessão. Te darei a revelação. Apenas creia e trabalhe nisso! "

Confesso que aquilo me deixou ainda mais confuso a princípio. Afinal, como isso se transformaria em um método? Era necessário provar e começar a colocar em prática com atores. Começamos a testar a partir de então o que chamamos de "Método de Atuação por Intercessão – MAI". Tendo em vista que Deus deu isso para todos os atores que fazem parte do corpo de Cristo, é melhor já definir uma sigla em inglês: IAM - Intercessory Acting Method.

O cerne deste Método consiste em criar o papel e compor a personagem em espírito e em verdade, disposto a chorar com os que choram e a alegrar-se com os que se alegram para finalmente gerar ações verdadeiras com fé cênica, através da carga intercessora relacionada à personagem e à história.

Eu já havia presenciado um fato parecido com esse tipo de carga intercessora em uma base missionária, onde uma moça sentia dores terríveis associadas a outra pessoa. Achei que fosse um fato isolado e nunca havia relacionado isso a uma base de inspiração para o trabalho de ator. Ainda bem que não padeço pela falta desse entendimento.

Prática

Agora passaremos a uma parte prática do processo de formação da personagem e criação do papel. Consideraremos aqui, como ponto de partida, a montagem de uma boa peça teatral sendo fiel ao autor.

Em linhas gerais, alguns dos passos obviamente são comuns a qualquer processo de montagem teatral e de criação do papel por parte dos atores, seja individualmente, seja em grupo. Não me atenho aqui a partes igualmente importantes e óbvias do processo e que constituem a preparação dos atores, como exercícios corporais e vocais. Considerando a preparação corporal básica e obrigatória do ator, decidi focar a atenção unicamente na questão psicológica e espiritual do processo. Os passos que estão em negrito são os que entendemos que devem ser seguidos por nós, aplicando a intercessão.

Item	Etapa	Descrição
1	Escolha e estudo do texto	Conhecimento do texto, do autor, do argumento e dos contextos presentes na narrativa. Entendimento do contexto histórico, social, político, religioso e espiritual da obra. *Oração por sabedoria e entendimento nessa interpretação. Oração por entendimento do propósito de Deus para o trabalho em si, da inspiração do autor para a criação da história e das personagens.*
2	Casting	Testes com os atores previamente selecionados e convidados a participar da montagem. Teste de adequação ator/personagem. *Oração por direção de*

		Deus para definição do elenco. Um detalhe importante: Nem sempre a direção de Deus para que um ator faça determinada personagem vai agradar a ele mesmo ou ao diretor. Mas se testifica isso no Corpo, devemos obedecer. Tivemos resultados surpreendentes por obedecer mesmo quando as evidências técnicas apontavam o contrário. Deus age de forma maravilhosa e surpreendente. Aqui temos que aplicar a fé.
3	Leitura ativa	Leitura do roteiro pelos atores designados sem ênfase na interpretação, apenas no entendimento dos diálogos, das cenas e interações entre as personagens.
4	Criação do papel	Estudos das personagens por cada ator. Construção do contexto de cada personagem. Laboratórios e construção psicológica de cada personagem. Busca de emoções e memória emotiva a ser emprestada para a personagem. **Oração por direcionamento de pessoas reais com perfil psicológico próximo de cada personagem. Oração por essas pessoas. Oração específica por temas**

			relacionados às personagens. Oração por identificação e carga intercessora. Nesta etapa podem surgir sentimentos, dores e alegrias relacionadas a essas pessoas. E isso pode se misturar com dramas pessoais dos próprios atores. É o momento de cuidar desses assuntos caso a caso. Esse processo pode envolver muito mais do que somente um bom trabalho de interpretação teatral. **Temos que ser sensíveis à ação do Espírito Santo e pode ser necessária uma restauração anímica do próprio ator, oração intercessora e até mesmo ações concretas pelas pessoas que Deus apontou e por quem estamos orando.** Temos que estar dispostos a fechar todos os pontos necessários nesta etapa. Aqui é o trabalho árduo do artista nos bastidores, onde não há refletores nem câmeras. **Onde ele deve e pode ser usado como profeta, evangelista ou pastor.**
5	Ensaios / Montagem		Montagem prática das cenas, marcações das ações e dos diálogos, interações das verdades das personagens. Marcações de luzes e trilha sonora. Montagem de cenários e elementos de cena. **Nesta etapa**

			podemos ser surpreendidos por releituras da personalidade das personagens e até mesmo uma revelação espiritual de contexto e mensagem que poderão nos fazer repensar a própria narrativa e estética empregadas.
6	Apresentações		Sempre é melhor fazer uma *avant-première* direcionada a outros artistas, equipe técnica e público convidado para depurar a montagem e as interpretações. Para os leigos parece chique, mas os colegas e amigos sabem que são cobaias mesmo. Após isso, programar as apresentações isoladas ou em temporadas em teatros, igrejas, etc. **Aqui continua sendo imprescindível em nosso caso um tempo de oração e pedido de direcionamento de Deus sobre datas e locais de apresentação. Pois o trabalho de intercessão segue. Afinal nosso trabalho é profético, os atores criaram o papel como intercessores e o propósito é tocar pessoas de forma pessoal. Pessoas que se identificarão com as personagens, com a música, com a narrativa, com a história e a mensagem**

		em si.
7	Feedback	Essa parte é crucial. Identificar após cada apresentação ou temporada, identificar a reação do público e o resultado geral do trabalho. Incluindo os erros e acertos que podem nos orientar para o aprimoramento do espetáculo. **Fazendo com excelência e alegria e sempre entendendo que a honra e a glória são do Senhor.**

A diferença entre os laboratórios sugeridos normalmente pelos dramaturgos e a aplicação do MAI é que da prática experimental conhecida, avançamos para uma composição da personagem através do exercício da intercessão espiritual por pessoas com características similares aos propostos pelo autor. O artista espiritual discerne espiritualmente. Ele soma o que a força do braço pode alcançar com o que é possível em um nível espiritual. Ao provar uma ínfima porção do que Jesus foi como intercessor, o ator pode trazer para a composição da personagem a dor ou a alegria de alguém a partir de um discernimento espiritual desses sentimentos. O aconselhável é exatamente essa somatória.

Exemplo:
Um ator é designado para interpretar um pedreiro que ganhou na loteria e enquanto fala ao telefone para contar à sua esposa com alegria dos planos que por fim colocarão em prática, assiste ao atropelamento de sua irmã cega por ter se distraído e descuidado enquanto fazia a ligação. Terá de fazer um laboratório para aprender o suficiente sobre o ofício do pedreiro, terá de entender o funcionamento das apostas em loteria, terá de aprender como um parente de um cego o ajuda a trafegar pelas ruas. Terá também de trabalhar a euforia e a alegria, como também a culpa, a tristeza e o luto. Terá de construir uma história pessoal como pano de fundo dessa personagem para que o público seja convencido acerca de suas ações e das emoções apresentadas. Isso só é gerado pela fé cênica.

Fazendo com excelência num âmbito anímico o ator já causará emoções. Num âmbito espiritual e buscando carga intercessora inclusive pela plateia, o ator causará um impacto espiritual que transcende as emoções. Deve gerar sede por lançar sal e evidenciar os vazios da alma. Por lançar luz em câmaras escondidas.

Com um bom texto e um bom elenco, é possível gerar na plateia a seguinte sequência: uma satisfação momentânea da alma; um desejo incontrolável pelo desconhecido e a vontade de matar a saudade de algo que sua razão ainda desconhece. É o desejo primitivo de se reconectar ao jardim do Éden, à comunhão com o Criador. A arte profética é manifesta pois sempre anuncia algo novo e aponta para o eterno. Num primeiro nível levará o espectador órfão a desejar conhecer aquele que passou pelo jardim das aflições e que pode apresentá-lo ao Pai. Num segundo nível levará o filho a querer mais da comunhão com o Pai.

Se um ator, isoladamente e trabalhando nessas bases, já conseguiria disparar esses gatilhos espirituais, imagine todo um elenco coordenado, em comunhão e contando uma história discernida espiritualmente em todo o processo.

Exemplifiquei a sequência normal de montagem teatral. Quando falamos em audiovisual, o processo é o mesmo, guardando as devidas proporções em relação às técnicas de atuação diante das câmeras. A linguagem é outra, mas não muda a composição da personagem.

Personagens Sobrenaturais

Agora vamos a uma das primeiras perguntas que surgem nas oficinas de atuação que ministramos: - Como resolver quando a personagem é o próprio Senhor Jesus, um anjo, satanás ou um demônio?

Obviamente não podemos interceder nesses casos.

Já na primeira oficina onde apliquei o MAI surgiu essa questão enquanto eu preparava um roteiro. Eu já havia orado e estudado sobre o que fazer nesse caso. A resposta é mais simples do que se imagina: A descrição básica das personagens sobrenaturais está na Bíblia, demais características virão do Espírito Santo, a verdadeira fonte da inspiração. Definitivamente não são as musas. De certa forma, a ideia das musas apontava para isso. É importante o estudo da Mitologia greco-romana para entendermos as distorções da relação do homem com Deus, que começaram no Éden.

As características de satanás estão definidas na Bíblia. É enganador, mentiroso, assassino, ladrão e destruidor. É nosso inimigo. Quer comandar um império de trevas.

Prometi voltar ao tema da composição da personagem Coringa pelo ator Heath Ledger. Agora é a hora. O Coringa composto por ele é cínico ao extremo e explicita suas intenções de estabelecer a desgraça e a destruição. Consegue desconsertar e chocar até mesmo os criminosos mais desumanos.

Demonstra claramente uma intenção sobrenatural de levar o ser humano à segunda morte. Ele mostra um satanás com suas reais intenções reveladas. Não é exaustiva a revelação de suas ações, mas mostra muito de sua personalidade. Até porque satanás não se mostra explicitamente quando quer seduzir os humanos para suas armadilhas. Além disso não tem sexo. Em uma ocasião eu interpretei o diabo com uma aparência andrógina e vestido com um terno preto. De fato, a imagem poderia ser até mais sedutora, mas poderia causar o efeito inverso do que queríamos. Para os demais anjos caídos e os demônios a ideia não seria muito diferente. O fato é que satanás não aparecerá aos humanos com a aparência carnavalesca do imaginário popular, vestido de vermelho, com chifres, rabo e garfo. A não ser que o objetivo seja montar um pastelão, melhor não lançar mão dessa caricatura.

Tivemos a experiência de uma atriz que orou para buscar a composição dessa personagem. O discernimento que teve foi de que ela seria como um espelho ao atuar, ou como um prisma, ora refletindo ora reproduzindo o mundo espiritual.

Os anjos

Os anjos estão descritos de várias maneiras e não podem ser confundidos com "O Anjo do Senhor" que é uma manifestação do próprio Senhor Jesus. Apareceram muitas vezes como homens comuns dando orientações. São mensageiros por excelência, fiéis e obedientes, ajudadores que expressam a vontade de Deus. Muitas vezes foram reconhecidos somente após a transmissão das mensagens. São fortes. A Palavra diz que na hora certa basta um anjo para aprisionar a satanás. E existe uma hierarquia. Os arcanjos Miguel e Gabriel foram os que apareceram em formas mais espetaculares.

A Palavra de Deus descreve outros seres celestiais que merecem um estudo especial, como por exemplo os quatro seres viventes citados em Apocalipse.

JESUS

Sua personalidade está descrita na Bíblia, mas porque Ele vive, amplia graciosamente as possibilidades de representá-lo. Ele é 100% homem e é 100% Deus. É o Verbo encarnado. É o Leão de Judá. É o Príncipe da Paz. É maravilhoso conselheiro! É a personagem mais maravilhosa e ao mesmo tempo nos traz uma gigantesca responsabilidade para sua representação. Sua caminhada física na Terra e Suas palavras estão descritas nos evangelhos. Mas toda a Bíblia fala d'Ele e converge n'Ele. Ele esteve desde a fundação do Mundo. O precioso fato de interpretar Jesus é que não há como representá-lo sem que algo d'Ele fique gravado em nós.

Jesus nos oferece três grandes possibilidades de direcionar a composição de Sua personagem.

A mais conhecida e mais usual é a forma humana descrita nos três anos e meio de ministério com os discípulos, exposta nos evangelhos até sua crucifixão. Houve muitos atores que O representaram nessa fase e forma. Uma grande interpretação da Paixão de Cristo foi a de Jean Caviziel no filme com esse nome. Essa composição mostrou o sofrimento intercessor e o sacrifício vicário do Senhor Jesus. Apesar de ter enfatizado mais o sofrimento físico do que o extremo sofrimento anímico e espiritual, o roteirista não tinha a verdadeira dimensão do cálice substitutivo da ira que era para nós. É difícil para a mente humana entender o que significa o Cristo ter levado sobre Si todas as enfermidades. Ter sofrido todas as dores da humanidade. Creio que mil representações diferentes da Paixão de Cristo não serão suficientes para mostrar tudo o que Ele passou em nosso lugar. Outro fato maravilhoso é que cada representação de Jesus, com o devido preparo que gera a **fé cênica**, irá reproduzir algo da Sua obra.

Outra menos usual e superficial, quando apresentada em alguns filmes, é a que retrata Jesus com os discípulos logo após a ressurreição. É desafiador e uma forma maravilhosa de representá-Lo. A Bíblia indica que Jesus se manifestava com formas humanas diferentes. Afinal Ele foi o primeiro a ter um corpo glorificado. Suas ações e palavras o definiam mais que sua aparência. No episódio em que restaurou a Pedro, os discípulos O reconheceram na praia inicialmente por Sua palavra. Os discípulos no caminho para Emaús viajaram com Ele e não o reconheceram. A história conta que não eram estranhos, eram discípulos que O conheciam pessoalmente. Creio que a melhor representação dessa fase de Jesus foi feita no filme "A Ressurreição" (Risen) onde o centurião Clavius, interpretado por Joseph Fiennes, tem um encontro com o Yeshua ressurreto, interpretado pelo neozelandês descendente de Maoris, Cliff Curtis. Além de Curtis ser um bom ator, mostrou um rosto de Jesus com as feições de qualquer um de nós, o que contribuiria para o fato de não ser reconhecido somente pela aparência.

A terceira maneira de representar Jesus é a mais desafiadora, pois seria no ambiente sobrenatural junto ao Pai e o Espírito Santo. Assim como quando se apresentou a João e transmitiu a mensagem às sete igrejas da Ásia. No mesmo sentido está o desafio de mostrá-lo relacionando-se conosco hoje.

A Trindade

Uma obra que vale a pena discorrer mais aqui pelo inusitado trabalho de atores é o filme "A Cabana" (The Sharck, 2017). Jesus se relaciona com Mack (Sam Worthington) em uma interpretação muito boa do ator Avraham Aviv Alush. Foi surpreendente e cativante a construção dessa personagem. Ele faz um Jesus amigo e íntimo, mas sem perder a força e a segurança de ser O Caminho, a Verdade e a Vida. Eu tive uma experiência pessoal que não sei dizer se foi sonho ou um arrebatamento. Dancei com Jesus em um deserto e Ele tinha os mesmos aspecto e comportamento apresentados por esse ator. Foi maravilhoso. Como já mencionei, curiosamente, Aviv foi o primeiro ator judeu israelense a interpretar Jesus no cinema.

É obrigatória a citação aqui dos demais atores que interpretaram a Trindade nesse filme. A composição de Deus Pai, Pappa, pela excelente atriz Octavia Spencer e pelo ator canadense, de origem indígena da Nação Oneida, Graham Greene foi corretíssima. Octavia consegue transmitir o aconchego divino possível por ser a imagem que a mente de Mack pode entender. Na cena em que Mack precisa tomar uma decisão de superação e amadurecimento espiritual, entra Greene com uma atuação firme que transmite a segurança paterna real e imprescindível. Sumire Matsubara, como o Espírito Santo é sublime e suaviza toda e qualquer discussão teológica para mostrar a essência. Já Alice Braga, muito bem como a Sabedoria é outro ponto profético do filme. Uma atriz brasileira como o dom buscado por Salomão e revelando a Palavra.

Vale enfatizar também a excelente construção de personagem feita por Worthington, com todas suas nuances de dúvidas, conflito, revolta e por fim uma convincente reconciliação. O fez com uma fé cênica correta para a evolução da personagem desde o fantasma da própria infância difícil, passando pela terrível dor da perda até sua experiência sobrenatural que vai muito além de uma epifania.

8 APLICAÇÃO PRÁTICA

A primeira vez em que testamos o método MAI foi em outubro de 2007 com um grupo de voluntários de uma comunidade em Foz do Iguaçu. Fizemos uma montagem rápida de uma peça curta muito usada em evangelismo de rua, chamada de "O Ladrão da Alegria", um texto simples de autoria anônima de missionários. Mesmo com pouco tempo de ensaio e com jovens inexperientes, achamos que seria um bom campo de testes inicial. A ideia era levar aquele grupo a orar e interceder por aqueles que assistiriam, uma apresentação na rua e outra em uma escola estadual. Os atores que fariam a vítima e o ladrão foram levados a identificar-se com as pessoas reais em seu contexto. Funcionou. Houve verdade e pessoas foram impactadas. Mesmo com um roteiro simples, atores novatos e pouco tempo para ensaio, obtivemos resultados surpreendentes. As personagens foram concebidas como bonecos de pano, o que ajudou a enfatizar mais os sentimentos que as características físicas.

A Menina - E O MAESTRO - Que Conheceram o Rei

Em 2009 eu estava terminando de escrever "A Menina que Conheceu o Rei", uma peça semi-musical baseada no livro "Os Filhos do Rei", de Max Lucado. Havíamos recrutado atores de várias denominações em Curitiba e decidimos realizar uma Oficina de Teatro para testar o nível dos atores e aplicar o MAI. Nossa segunda intenção era usar o evento para fazer uma audição.
Nessa oficina, realizamos preparação corporal e vários exercícios teatrais tradicionais, contando com a ajuda de bons profissionais. Também tínhamos atores e atrizes mais experientes mesclados com os novatos e isso ajudou. Em seguida, promovemos um ambiente de oração, adoração e por

fim intercessão. Levamos os atores a buscar por uma carga intercessora específica. Ou seja, para que o Espírito Santo os ajudasse a buscar sentimentos reais mostrando-lhes pessoas reais identificadas com suas personagens em desenvolvimento. Após isso, pedimos que começassem a interceder por essas pessoas. E assim o fizeram. Alguns mais intensamente que outros, porém todos foram envolvidos no processo.

Tomamos as devidas precauções para não haver retaliações espirituais ou ainda excesso de peso por pessoas específicas.

Resultou que tivemos um antes e um depois nos exercícios com as personagens. Aqueles atores que de fato receberam uma carga de intercessão mais forte apresentaram um resultado muito melhor. De sorte que assumiram mais tarde algumas das principais personagens de AMCR.

É importante destacar também a história da trilha sonora do espetáculo.

Um pouco antes de iniciar alguns testes com os atores, eu tinha apenas a letra de três canções no texto da peça. Pelo projeto eu necessitava da composição musical para essas letras e ainda de outras sete canções.

Eu não sou músico nem compositor; como cantor acho que sou mediano. Precisava de uma parceria. E deveria ser uma parceria direcionada por Deus. Comecei a orar por isso e buscar alguns músicos e compositores conhecidos. Alguns simplesmente ignoravam o projeto, outros achavam legal a ideia, mas não se achavam capazes de realizar. Até que um belo dia, lembrei do Mateus Brandão. Ele havia sido professor de música numa escola cristã onde a Daniele havia trabalhado. Eu o conhecia como professor de música e roqueiro. Mas conhecia pouco de sua habilidade. A questão é que ele mesmo não cria totalmente em sua capacidade.

Decidi procurá-lo. Entreguei-lhe uma cópia do texto, expliquei a história e lemos juntos. Contei basicamente quais as minhas ideias em relação às canções e a quais personagens estariam relacionadas. Ele se mostrou interessado, mas confesso que não acreditei muito que ele se engajaria no projeto.

Para minha surpresa, naquela mesma noite ele me ligou entusiasmado e me fez ouvir o tango que havia recém composto para uma cena entre o prefeito Licurgo e Salomé. Fiquei muito feliz e surpreso. Daquele dia em diante ele trabalhou com afinco até compor todas as canções. Ele de fato orou e intercedeu também baseado nas personagens. Trabalhou muito. Acompanhou ensaios, treinou atores para cantar, gravou as canções em estúdio e o resultado foi espetacular. Fortalecido em seus dons e talentos, Mateus foi estudar regência da Faculdade de Belas Artes do Paraná, onde se formou com honras.

Enquanto reviso estas linhas, ele está morando na Itália onde foi fazer uma especialização em trilha sonora cinematográfica. Está também trabalhando na trilha sonora da nossa web-novela paraguaia "Al

Destinatário". Além de irmãos em Cristo somos de fato muito amigos. Sua esposa Eugênia, de origem uruguaia, é outra artista extraordinária. Nós os amamos muito.

Júnior compondo Tito

Júnior era um ator razoável, porém sem muita experiência. Ao orar pela personagem e receber uma carga intercessora marcante, desempenhou de forma extraordinária o papel. Em seu testemunho disse que Deus mostrou exatamente a tristeza pela qual passava o jovem no qual se baseara para a criação. Mas o mais interessante é que esse ator assumiu a personagem Tito de AMCR. As únicas características sugeridas no texto eram: um vendedor de batatas que mancava de uma perna. A história paralela criada pelo ator, através do método da intercessão foi de um soldado ferido em batalha e após ser rejeitado por um esquadrão de mercenários decidiu vender batatas para sobreviver. Ocorre que ele teve uma experiência sobrenatural em que sentia de fato as dores de uma perna danificada por ferimentos de guerra, e sentia a raiva e tristeza pela situação. Recebeu essas informações emotivas durante a intercessão por um homem conhecido seu e que era ex-policial. Esse homem não tinha exatamente a mesma história é claro, mas com certeza o mesmo drama psicológico e dores físicas. Ao entender de quem se tratava e qual era sua dor, o jovem ator passou a interceder de forma dinâmica por esse homem.

Daniele compondo Judite

A composição dessa personagem foi excelente. A atriz seguiu todos os processos de exegese do texto, de pesquisa, de preparação corporal, de laboratório, de oração, de intercessão e de constante aplicação prática na composição. A personagem era uma dona de taberna, marcada por relacionamentos frustrados, mal caráter e ambiciosa. Ela foi buscar material orando e recebendo carga intercessora. Foi ativada espiritualmente de forma a interceder por mulheres com o mesmo perfil e os mesmos dramas.

A personagem desenvolvida por ela transmitiu uma verdade cênica excelente. O contexto criado foi de uma mulher desonrada e maltratada, cauterizada pelo abandono e pela dor. Tendo necessidade de aceitação, mas ocultando o fato, desenvolve relacionamentos perigosos, mesquinharia e a ganância. Era uma das vilãs da trama.

Elen compondo Estela

Tivemos um caso muito importante quando montamos uma peça curta camada Estela. A história é um sonho terapêutico de uma jovem. No sonho ela acorda sobre um túmulo com o qual conversa. As demais personagens também elementos físicos que ganham vida: um poste de iluminação e dois vasos de flores. O tema gira em torno dos problemas da jovem Estela até quando se revela sua intenção de praticar um aborto. As personagens do cemitério levam-na a conhecer sua própria origem e revelam o valor divino da vida. A jovem acorda num quarto de uma clínica de aborto e foge dali entendendo o peso de sua decisão.

Bom, não é fácil a formação de uma personagem que está vivendo o drama de uma decisão por um aborto, e começamos a gerar isso desde a composição do texto. Para começar tínhamos um prazo razoável para a criação da peça. Durante três meses nada acontecera. Tínhamos um tema-base: escolhas. Após muita oração, tínhamos um tema-conflito: aborto. Mas ainda não tínhamos um texto. Faltando dez dias, o texto nasceu numa noite em claro, com dores de parto. E na noite seguinte começamos a gerar isso com a atriz.

A atriz é profissional, conhece todo o processo tradicional de construção do papel, mas estava com dificuldades para identificar-se com essa personagem. Entramos em um processo de oração e pedindo a Deus por carga intercessora. Então ocorreu um processo muito interessante, pois Daniele começou a sentir uma tristeza profunda pela própria atriz e a receber carga intercessora em relação a ela.

Havia pendências em relação a perdão pela rejeição que a própria atriz tinha sofrido de seus pais quando bebê. E somente a partir de um processo de perdão e cura é que a atriz pôde trazer a carga da própria mãe para a personagem. O resultado foi excelente. Uma das melhores interpretações que já presenciei. Para completar, todo o elenco foi envolvido na mesma intercessão por mulheres nessa situação e recebeu partes da carga. Eu mesmo havia passado por um processo de cura por um luto que nem sabia que existia pelo meu irmão gêmeo que morreu no dia seguinte ao nosso nascimento. Outra atriz que interpretou um dos vasos havia também passado por uma situação parecida. A Daniele havia passado por um processo de cura por rejeição dos pais que a geraram muito jovens e antes do casamento. O ator que fez o papel de poste igualmente passou por rejeição como recém-nascido. Um detalhe interessante: Minha personagem era o túmulo! Enfim, foi uma experiência excelente para todo o grupo e o resultado prático no Reino foi de conversões por pessoas tocadas pelo tema numa apresentação em um evento aberto. Em uma remontagem feita em 2014 por um grupo de Lins-SP, o impacto foi parecido.

Suelen fazendo o diabo

Suelen é advogada e atriz. Tenho uma opinião bem particular sobre esse fato. Arrisco a dizer que bons advogados são atores em potencial. Tenho alguns amigos que exercem bem ambos os ofícios. Por encomenda da pastora Kelly Subirá - a melhor pastora de crianças, segundo minhas filhas – escrevi uma peça curta para um espetáculo infantil que seria apresentado em um summer camp. Meu objetivo era trabalhar as personagens com o grupo e ensaia-los, mas não consegui. Alguns dias antes de iniciarmos fui internado de emergência com o diagnostico de apendicite supurada. O grupo com o qual trabalhávamos nesse Ministério, teve que se virar sozinho, mas fez bem a lição de casa. Suelen particularmente entendeu bem o processo, como também a outra atriz que fazia a professora. Ela intercedeu pelas crianças e seu papel era de uma aluna chata e vaidosa, mas que revia seus conceitos após um contato com a realidade da redenção. É sempre difícil para um ator adulto interpretar uma criança. Mas ela foi tão convincente que muitas crianças passaram todo o retiro aconselhando-se com ela. Um dos objetivos desse trabalho era seguir todo o tempo do evento como personagem.

O diabo, ela interpretou em uma performance específica. Era algo que nem queríamos fazer pois não gostávamos do texto. Uma ilustração piegas de alguém atormentado pelas trevas e que decide pecar, se converte e cai novamente em pecado. Ao decidirmos seguir com aquele trabalho decidimos também fazer da forma correta. Intercedendo. E intercedemos pelas pessoas pensando no papel da "vítima do capeta", o único ser humano da peça. O Espírito Santo nos levou a interceder, nesse caso específico, pelos homens que estariam no evento e entendemos que o diabo deveria ser feito por uma atriz. Afinal, todos entendíamos as diferentes formas de apresentação do diabo. Entendemos que deveria parecer sedutor. A atriz recebeu uma orientação especial de Deus sobre isso: Destruir a quarta parede e acusar o público. Foi tenso, mas com as palavras direcionadas pelo Espírito Santo, o resultado foi espantoso. O objetivo foi cumprido; mostrar àquele público como funciona o mecanismo do acusador para ajudar a entender o perdão e a libertação em Cristo Jesus.

Quem Somos Nozes (2011)

Montamos esse espetáculo para um formato que não me agrada, mas também havia sido por encomenda. O conceito seria apresentar uma trama com histórias pessoais e conflitos das personagens e "levantar a bola" para que alguém arremate no final. Tínhamos um elenco bem entrosado com bons atores. O contexto central era uma reunião catártica de um grupo de neuróticos que deveria evoluir para o autoconhecimento. A reunião seria conduzida profissionalmente por uma terapeuta, Maria Mania, a fim de obter resultados mais positivos. A evolução do texto revela que o grupo todo tem problemas mais sérios, incluindo a suposta terapeuta. O espetáculo, com uma estética de teatro do absurdo, evidencia as neuroses e psicoses de personagens caricaturados que desconhecem sua identidade.

Para compor essas personagens todo o elenco foi levado a desmistificar os conceitos de loucura e buscar carga intercessora. O resultado foi um trabalho complexo e denso. Atingiu os objetivos do evento, pois levou o público a refletir sobre a diferença entre a esquizofrenia real e as distorções comportamentais, o que proporcionava o gancho para um arremate bíblico. Porém para os artistas foi um excelente exercício do método MAI. Posteriormente foi apresentado com modificações em um palco universitário composto por estudantes de Artes Cênicas.

Novela mexicana "Hecha en Paraguay"

Entre janeiro e setembro de 2016 estivemos conectados e servindo em um ministério do Paraguai, trabalhando entre Hernandarias, Ciudad del Este e Presidente Franco. Tivemos oportunidade de montar uma escola de teatro e trabalhar com um grupo de alunos membros dessa igreja. Como sempre ocorreu conosco, em pouco tempo já estávamos ligados a todos os artistas da casa. Havia muitos interessados, mas poucos com alguma experiência concreta de atuação. Ao contrário do que ocorre em Asunción ou Encarnación, na região Leste do Paraguai não existe uma cultura de produção teatral. Os líderes desse Ministério foram excelentes. Tiveram a coragem de abrir as portas para um trabalho incomum na igreja e nos deram uma incrível e rara liberdade para trabalhar. Isso se deve a uma igreja com uma visão apostólica e profética e conduzida por líderes com uma clara visão do que significa ser igreja e com um coração conectado com Deus em obediência e amor.

Começamos um trabalho realizando algumas oficinas e ensinando técnicas de interpretação básicas. Montamos alguns sketches e em seguida surgiu uma demanda: Montar uma cena de ação militar baseada no filme "O Resgate do Soldado Ryan" para um evento chamado Noche Militar. Esse evento consistia em um processo de trabalho evangelístico através das redes dos grupos pequenos da igreja, chamados Casas de Paz e que culminaria nesse evento com um caráter de colheita. O tema militar foi profético, evidenciando a guerra contra as trevas e profetizando o resgate real dos prisioneiros de satanás.

Nossa atribuição era realizar uma cena de ação que consistia no resgate de um soldado preso pelo inimigo e realizado por uma espécie de grupo de elite.

Nosso principal problema técnico era o local em si, uma cancha poliesportiva de um clube. Ou seja, um local totalmente inapropriado para uma apresentação teatral, a começar pela acústica péssima. Esse local não seria indicado nem mesmo para show musical ou pregação, mesmo contando com os melhores equipamentos de som. Mas era o que tínhamos e devíamos nos adaptar.

Para cumprir o desafio, criamos uma cena onde a ação militar seria o foco principal. Nossos recursos: (a) 30 atores - alunos; (b) 2 microfones de cabeça; e (c) cerca de 200 dólares de orçamento.

Conseguimos. Graças a Deus. Projetamos num telão um audiovisual filmado anteriormente com alguns dos atores e cenas de ação ao vivo com tiroteio e explosão, a mensagem foi dita. O tema profético do resgate foi bem entendido pela maioria dos atores. Tivemos atores e atrizes que, mesmo sem fala, viveram as ações das personagens com fé cênica. O processo de intercessão foi facilitado por algumas provas e tribulações que alguns dos atores estavam passando no momento.

Al Destinatário

Quando rodamos "Al Destinatário" já havíamos feito algumas oficinas de casting e uma de Arte Profética com a participação também de bailarinas, músicos e artistas plásticos. Nossa equipe básica já estava um pouco mais treinada, mas ainda faltava muita experiência de palco.

Tínhamos uma outra demanda desde antes da Noche Militar que era um espetáculo teatral para ser montado em dois meses para um congresso internacional apostólico e profético promovido pela igreja.

Até mesmo para profissionais, dois meses é pouco tempo. Queríamos fazer algo com um mínimo de qualidade e que fosse impactante.

Eu tinha 30% de uma peça que estava escrevendo, inspirada nas cartas às sete igrejas da Ásia. Havia acumulado material para um dia concluir o texto da peça ou um roteiro. Orando, entendemos que o tema deveria ser esse. Tema aprovado, iniciamos o trabalho. Tínhamos três problemas básicos: (1) O local seria a mesma cancha poliesportiva; (2) Os melhores atores em treinamento eram os mesmos, o que nos reduzia o tempo para um mês; e (3) O tema era muito denso e eu ainda tinha que terminar o texto, em Espanhol.

Seria humanamente impossível realizar nesse prazo. Considerei reduzir o texto apenas tratando sobre as cartas para Éfeso e Esmirna.

Foi quando ocorreu uma tragédia que foi o falecimento da pastora e profeta da igreja. Pelo evidente luto e grande tristeza que passou toda a igreja, eu mesmo já entendia que não haveria clima para seguir com o projeto. Porém, após um mês houve a decisão de postergar o congresso. Com isso voltou a demanda e estávamos prontos para começar a trabalhar. O plano era montar um espetáculo que seria o primeiro de uma série de quatro peças sobre o tema. Entendendo que o conteúdo e o contexto das cartas são para toda a Igreja em todos os tempos e traz uma mensagem do tempo kairos para o tempo kronos.

Queria que o nome fosse "Siete Cartas", porém tínhamos um problema local: O filme paraguaio mais famoso e premiado chama-se "Siete Cajas" e não nos sentíamos confortáveis com a confusão gerada pelo nome ou a falsa ideia de que estivesse relacionado ao filme. Por isso foi renomeado como "Al Destinatário". E assim começamos a trabalhar somente sobre Éfeso e Esmirna.

Tínhamos ainda outros problemas. Um texto mais denso exigia melhor preparação dos atores. Não tínhamos tempo para isso e não dispúnhamos de espaço físico. Mesmo com tudo isso, seguíamos ensaiando como podíamos. Faltando apenas quinze dias a coisa piorou. O melhor ator que tínhamos foi bloqueado por um problema pessoal, outro teve um problema sério de infecção hospitalar em um pós-operatório de apendicite. Além de outros problemas com atores viajando a trabalho, enfermos ou em luto familiar. Sem contar a típica falta de compromisso de outros quanto à assiduidade e pontualidade.

Em resumo, faltando quinze dias para a apresentação voltamos à estaca zero. Orei a Deus e pedi por socorro, Enquanto isso, comecei a escrever um outro texto mais simples baseado na pesca milagrosa para uma apresentação de dez minutos, com muita coreografia e efeitos visuais. Começamos a ensaiar isso à parte.

Entretanto o elenco ficou triste. Faltando dez dias para a apresentação, eles fizeram um motim "santo". Disseram que agora que já tínhamos todos os atores presentes, mas sem prazo viável, deveríamos fazer "Al Destinatário" em audiovisual. Eu ri e disse a eles o óbvio, mesmo que quiséssemos transformar isso num curta, necessitaríamos no mínimo um mês somente para produzir um roteiro razoável. Seria uma piada. Porém ao mesmo tempo que eu os reprendia pelo motim, o Espírito Santo começou a falar comigo: "Faça!"

Nessas horas vem a tentação de fingir que você não ouve o Espírito Santo. Mas não dá. Não tínhamos roteiro, nem câmara, nem gravador, nem cinegrafista, nem locações e nem mesmo figurino. Mas meu cérebro já fervilhava e tive algumas ideias. No texto eu estava associando a chegada das mensagens para as igrejas através de meios de transporte. No teatro a cena da mensagem a Éfeso se passaria em uma estação de trem. Em Esmirna em um porto. As histórias e os figurinos seriam atemporais pelo conceito do argumento. Para o filme pensei que se fizéssemos as cenas no aeroporto Guarani e no Porto de Presidente Franco, seria esteticamente interessante. Necessitávamos ainda de uma fábrica abandonada, casas e escritórios como locação. Já tinha um roteiro possível na cabeça. Não havia tempo para um roteiro técnico. Teria que considerar uma mudança real para uma estética de cinema. Uma adaptação fast food de peça teatral para audiovisual, na mente de um brasileiro trabalhando no Paraguai, resultaria na melhor das hipóteses em uma novela mexicana. Esse problema poderia converter-se em vantagem.

Era uma sexta-feira. Pedi a Deus que se, até às 20h da próxima segunda-feira, eu tivesse duas câmaras, dois cinegrafistas, um computador e um editor, além da confirmação de no mínimo três das locações: o aeroporto, o porto e a fábrica, eu entenderia que era para filmar.

Imagine como me arrependi de desafiar a Deus! Segunda-feira às 19:55h confirmou-se a última coisa que faltava dessa lista, o computador para a edição. Eu mesmo estava torcendo contra.

Sendo assim, fomos obrigados a arregaçar as mangas e prosseguir. Ficamos até meia-noite dessa sexta-feira organizando uma agenda onde quase não sobravam intervalos de quinze minutos para comer.

Eu me senti como aqueles diretores do Cinema Novo: "uma câmara na mão e uma ideia na cabeça". No dia seguinte pela manhã, com os equipamentos, a equipe técnica, o primeiro grupo de atores, um prazo de sete dias entre filmagens e edição, boa vontade e trezentos dólares de orçamento para combustível, lanches, figurino, maquilagem, estacionamento, etc., e muita oração, lá fomos nós!

O resultado foi um primeiro capítulo-trailer apresentado no evento de uma novela com mais três capítulos de cerca de vinte minutos cada e que ainda estão em edição.

Considerando todos os aspectos apresentados, acho que o resultado ficou surpreendente e foi uma excelente experiência para todos, principalmente para nossos alunos. Foi uma experiência onde a trajetória e o processo foram mais importantes que o resultado.

9 O ARTISTA E O TEMPO

Tive um bisavô que gostava de repetir uma frase de efeito relacionada à paciência e perseverança: *"Tempo é tempo e não há tempo que não chegue"*, dizia. Na verdade, é o bem mais precioso do mundo, pois o que é gasto não tem como recuperar. E as ações necessárias perdidas por negligência ou procrastinação somente são recuperadas pela misericórdia divina.

Todo profissional está sujeito ao tempo. Gosto da brincadeira cruel que Robert Zemeckis e o roteirista William Broyles Jr. fazem com o tempo em "Náufrago" (Cast Away, 2000). Chuck Noland (Tom Hanks), como executivo da FEDEX incentiva seus funcionários a lutarem contra o tempo para demonstrar a eficácia do core business de sua empresa. Ele diz: *"We live and we die by time, and we must not commit the sin of turning our back on time."* ("Vivemos e morremos pelo tempo e não podemos cometer o pecado de dar as costas a ele."). Como náufrago ele é obrigado a dar às costas ao tempo por não ter uma alternativa. Teve de mudar sua visão sobre o tempo cruel na ilha-prisão, ora olhando para um relógio de bolso que virou porta-retratos, ora em intermináveis conversas com Wilson. Parafraseando a canção de Raul Seixas, Noland preferiu *"ser uma metamorfose ambulante do que ter aquela velha opinião formada sobre tudo"*.

Chronos e kairós:

Existem duas palavras gregas relacionadas ao tempo. καιρος kairós e χρόνος chronos. Apesar de serem traduzidas para os idiomas ocidentais apenas como "tempo", seus significados são distintos. Basicamente chronos é o tempo quantitativo, o tempo medido em segundos, horas, etc.; e kairós tem caráter qualitativo, o momento indeterminado no tempo em que algo especial acontece: a experiência do momento oportuno. Teologicamente é entendido como o "tempo de Deus" (a eternidade). A definição de kairós no dicionário de Strong é a seguinte:

" καιρος kairós de afinidade incerta; TDNT - 3:455,389; n m 1) medida exata 2) medida de tempo, maior ou menor porção de tempo, daí: 2a) tempo fixo e definido, tempo em que as coisas são conduzidas à crise, à espera da época decisiva 2b) tempo oportuno ou próprio 2c) tempo certo 2d) período limitado de tempo 2e) para o qual o tempo traz, o estado do tempo, as coisas e eventos do tempo."

Na carta do apóstolo Paulo aos Efésios (5: 15-16) ele diz:

"Portanto, vede prudentemente como andais, não como néscios, e sim como sábios, remindo o tempo, porque os dias são maus."

O entendimento geral é o de que kairós é medido por oportunidades e temporadas. Dentro de nosso contexto físico, um dos dispositivos que poderíamos usar para nos ajudar a entender, seriam os períodos do tempo chronos que são mais valiosos que outros. Quando pediram a Albert Einstein para exemplificar de forma simples a teoria da relatividade, ele disse: *"Coloque sua mão sobre um fogão quente por um minuto, e parecerá uma hora. sente-se com uma garota bonita por uma hora, e parecerá um minuto. Isso é relatividade."* Se o tempo kairós é qualitativo, significa que somos corresponsáveis em aproveitar os momentos, as estações e as temporadas, bem como identificar o valor disso. Aqui novamente entre o conceito da criatividade advinda da sabedoria e do discernimento espiritual. Um homem espiritual deveria aproveitar as oportunidades que lhe são colocadas, entendendo os sinais e ouvindo a voz de Deus. Para isso, como diz Paulo, se não formos néscios, é possível remir o tempo kairós.

Outro conceito é o do timing. Basicamente esse termo do Inglês significa cronometragem ou sincronismo entre um processo e outro ou entre uma ação e outra. Também define um outro sentido bem mais amplo que seria uma sensibilidade para o momento propício de realizar ou de ocorrer algo, ou um senso de oportunidade quanto à duração de algo.

Nas artes:

Talvez a primeira ideia artística relacionada ao tempo que nos vem à mente é o tempo musical. "Na terminologia musical, tempo é o nome dado à pulsação básica subjacente de uma composição musical qualquer. Cada "clique" do metrônomo corresponde a um tempo. Os tempos se agrupam em valores iguais e fixam-se dentro de divisões das pautas musicais conhecidas como compassos." (os buscadores da web são úteis, essa descrição é sucinta e útil aqui. Fonte: Wikipedia). Independente de dons naturais para a música, os bons músicos e compositores estudam as diferentes composições de compassos e os diferentes ritmos associados às melodias.

Na dança, os movimentos do corpo são combinados com as corretas noções de espaço e de tempo. Todos os movimentos expressivos têm um ritmo e ocorrem conforme organizações temporais. A dança exige uma excelente percepção tridimensional associada à marcação dos tempos da música e à resposta corporal.

No teatro, o tempo é encarado de várias formas. Como contexto histórico, como duração do espetáculo, tempo real versus tempo ficcional, além do ritmo conforme o gênero. O tempo chronos é um dos elementos mais importantes no palco. Ele pode ser parceiro ou carrasco do ator. Começa pelo texto. O autor ao escrever deve pensar nos tempos e ritmos quando da montagem do espetáculo. Uma falha possível é quando o ator precisa pensar no texto enquanto fala. No jargão teatral se diz que "passou um trem", e o público percebe o lapso de tempo.

Apesar de ser usado na música e na literatura para dar efeito dramático, o conceito de timing artístico é bem mais amplo no teatro. Os tempos para se dizer algo, bem como os tempos de pausa são cruciais para mostrar a real intenção da personagem. Na comédia, essa noção é imprescindível. Os tempos adequados são cruciais para o entendimento da piada assim como para seu feedback. O tempo de reação do espectador é tão importante que muitas séries televisivas lançam mão do som de claques artificiais para dar ênfase às piadas. Algumas são tão ruins, que nem isso ajuda.

A linguagem cinematográfica tem a maravilhosa capacidade de englobar tudo: a literatura, as artes plásticas, a música, a atuação e o bom uso do kairós em um espaço médio de chronos de 110 minutos.

Redimindo o tempo

A palavra usada em Efésios 5:16 para remir é εξαγοραζω *exagorazo* que, segundo Strong significa "redimir, resgatar do poder de outro pelo pagamento de um preço, (...) fazer uso sábio e sagrado de cada oportunidade para fazer o bem, de tal forma que o zelo e o bem que se faz são de certo modo o rendimento em dinheiro pelo qual nós fazemos nosso o próprio tempo."

Em Eclesiastes 3:1-8, Salomão diz:

> *"Tudo tem o seu tempo determinado, e há tempo para todo propósito debaixo do céu: há tempo de nascer e tempo de morrer; tempo de plantar e tempo de arrancar o que se plantou; tempo de matar e tempo de curar; tempo de derribar e tempo de edificar; tempo de chorar e tempo de rir; tempo de prantear e tempo de saltar de alegria; tempo de espalhar pedras e tempo de ajuntar pedras; tempo de abraçar e*

tempo de afastar-se de abraçar; tempo de buscar e tempo de perder; tempo de guardar e tempo de deitar fora; tempo de rasgar e tempo de coser; tempo de estar calado e tempo de falar; tempo de amar e tempo de aborrecer; tempo de guerra e tempo de paz."

A palavra hebraica para "tempo" aqui é עת eth que significa tempo ou tempo de um evento, como também experiências, sina ou ocorrência, ocasião.

Por vezes tentamos atropelar os tempos de Deus e Sua Justiça. A exemplo de José, vemos que etapas e tempos precisavam ser vividos na sua plenitude a fim de cumprir uma medida de justiça. Uma justa medida divina de tempo oportunamente aproveitado por José e que culminou na situação na qual ele estava realmente preparado para assumir o cargo e os encargos a ele atribuído.

Como filhos de Deus, além do aspecto óbvio que é gerir o tempo chronos como um mordomo de nossa vida, também temos que buscar sabedoria para agir corretamente aproveitando as oportunidades e as janelas de tempo kairós.

O tempo que temos pode ser redimido em um processo criativo. Dependerá de nossa sabedoria em aproveitar os insights que recebemos de Deus. A responsabilidade do artista cristão em não ser néscio é enorme; inclui entender que o tempo é uma dádiva e que há um tempo certo para tudo. Em alguns casos também significa ter paciência para ser aperfeiçoado e sair da ignorância. Os dias continuam sendo igualmente maus.

Pela graça de Deus, entendo que podemos ser surpreendidos com oportunidades de remissão do tempo kairós. São aqueles momentos mágicos, muitas vezes após renúncias, jejum e trabalho árduo com mordomia e diligência. São injeções de inspiração para realizar algo; um conselho, uma ideia, uma ação útil que você sabe que naturalmente não sairia de você. É como se Deus estivesse abrindo um buraco no tempo para que pudéssemos acessar o tempo d'Ele. Temos uma amiga que é artista plástica e ela conta que suas inspirações surgem dessa forma. Ela diz que muitas vezes pinta uma tela em um tempo extremamente curto pois senão a ideia se desfaz. Creio que devemos estar atentos para aproveitar esse buraco no tempo. Passei por situações onde fiquei por meses tentando desenvolver uma ideia para uma peça de teatro e nada. De repente, as ideias vêm como uma chuva de verão e tenho que apanhar cada precioso pingo dessa água do Espírito pois se cair no chão vai evaporar e terei perdido algo. Lembre-se que o texto de Estela ficou pronto em uma noite.

Isso ocorreu também com meu amigo Mateus Brandão, e ele dava vazão a esses rompantes criativos compondo as canções de madrugada.

Performances ao vivo podem exigir improvisações durante a

apresentação de espetáculo e pode-se experimentar uma explosão momentânea de criatividade dando vida a novas expressões da personagem. Indo mais além, se um ator ou uma atriz tiver uma conexão especial com o Espírito Santo, pode gerar algo novo no palco. Se isso ocorre com mais alguém do elenco ao mesmo tempo, podemos ter uma surpresa maravilhosa. Já vi isso acontecer algumas vezes. Por isso o elenco deve ser coeso e estar no mesmo espírito. Isso é parecido com o que ocorre nos "espontâneos" das bandas. Creio que quanto maior for nosso exercício de santidade, obediência e mordomia, maiores serão as chances de redimir o tempo kairós e de obter presentes criativos de Deus.

Mais um cabo solto para os artistas. *"Ouça o que o Espírito diz à igreja!"*

10 CHAMADOS E REALIZAÇÕES

Na carta de Paulo aos filipenses (2:13), ele diz que

"Deus é quem efetua em nós tanto o querer como o realizar, segundo a sua boa vontade".

De forma nenhuma devemos descontextualizar essa afirmação. Creio que Deus gera em nós sonhos e vontade de realizá-los, mas isso não nos exime da responsabilidade em cooperar, assim como ocorre com nossa salvação.

Quando eu era criança, se criávamos alguma brincadeira perigosa os adultos se preocupavam. Minha avó materna dizia que estávamos "inventando moda". A partir disso se algo desse errado, as consequências eram por nossa conta. A advertência já havia sido dada. Porém se estivéssemos à toa ela dizia que estávamos "matando potrilho" e rapidamente alguém nos atribuía tarefas úteis. Por isso eu preferia inventar moda.
No meu último ano do Ensino Médio, eu havia retornado à minha cidade natal e recebi um convite de uns amigos para integrar um grupo de teatro. Ao aceitar, não sabia ao certo se estava cumprindo um sonho, inventando moda ou matando potrilho. O tempo diria.

Os anos 80 foram frutíferos em produção teatral no Brasil. Foi a época dos vários festivais de teatro amador espalhados pelo País. Um dos mais famosos e hoje o mais antigo existente é o FENATA que ocorre em Ponta Grossa. Também ocorriam outros festivais como os de Campina Grande - PB, ABC Paulista e Belo Horizonte. Foi uma época com produções teatrais de excelente qualidade, porém a maioria desses artistas amadores vivia de vento. Às vezes ganhávamos algum dinheiro, mas não havia incentivo de Governos. Talvez exatamente por isso era um teatro de boa qualidade. Existia uma certa rixa entre os realizadores de teatro - com grandes personalidades como Ulisses Cruz e Antunes Filho - e os realizadores de novelas. Esses grandes professores ministravam oficinas de teatro para atores amadores como nós, mas muitas vezes se recusavam a ministrar para atores famosos da TV. Éramos "amadores" somente no sentido financeiro do termo, pois havia muita qualidade técnica. Fomos uma geração beneficiada por isso. Recebíamos excelentes aulas de grandes professores.

Em 1987 eu já havia participado de várias produções nesse grupo de teatro e em parcerias com outros. Foi quando decidi fazer o curso superior de Artes Cênicas – um dos primeiros desse tipo no Brasil. Da minha turma, surgiram excelentes profissionais diretores, realizadores, atores conhecidos no meio artístico brasileiro. O curso era incrível, mas cursei somente até o segundo ano.

Ocorre que no âmbito pessoal e familiar eu vivia em constante conflito. Apesar de estar bem empregado para um jovem de minha idade, havia me aventurado em empreendimentos inseguros para tentar ter mais dinheiro. Também vivia em uma desordem psicológica onde achava que era responsável por resolver todos os problemas financeiros da minha família. Enfim, meti os pés pelas mãos várias vezes por conta disso. Entrei em dívidas e não sabia como sair daquela roda-viva.

Aliado a isso, havia um certo conflito pessoal com a carreira artística em si. Para meu pai e alguns parentes, ser artista era coisa de vagabundo. Sem contar, de fato, com o relacionamento com colegas que gostavam de praticar irresponsavelmente o sexo, as drogas e o rock'n roll, não necessariamente nessa mesma ordem. Vivi algumas situações complicadas que tiveram de ser posteriormente discernidas espiritualmente e tratadas. Para a glória de Deus minha alma foi liberta das revoltas, ligações de alma e sentimentos de perdas e danos. Ficou no mar do esquecimento!

Para completar o quadro em que vivia, diante dos conflitos familiares, decidi resolver a situação "sumindo do mapa". Numa época sem redes sociais isso era mais fácil. Tranquei a faculdade e sumi por dez anos. Criei uma nova personagem e vivi nela durante esse tempo. (Observação importante: antes que algum leitor politicamente correto se escandalize e me denuncie para a Interpol, vale lembrar que essa nova personagem foi apenas no campo psicológico, sem configurar nenhum crime de falsidade ideológica)

Assim como acontece com alguns atores, foi difícil sair da personagem depois. Pode parecer estranho, mas hoje entendo que isso, guardadas as devidas proporções, pode ter servido como uma "cidade de refúgio". Não foi a forma mais correta, mas se eu tivesse seguido no turbilhão emocional em que vivia, provavelmente não teria sobrevivido para contar esta história.

Dessa forma meu talento para interpretação acabou virando um modo de sobrevivência e uma obsessão. Creio que essa personagem baseada em mim mesmo poderia ser catalogada psicologicamente como um distúrbio de mitomania. Só eu sei o que colhi por conta disso. Sabia bem o que estava fazendo e oscilava entre a diversão e a opressão. Foi um período muito difícil. Apesar de estar o tempo todo usando minha criatividade natural, a situação de morte espiritual em que vivia me levava sempre a relacionamentos igualmente falsos.

Passei a criar outras personagens. Na faculdade de Administração eu me divertia. No trabalho a coisa era mais forte pois daí dependia meu sustento. Procurava sempre me aprimorar no que fazia de forma sincera e buscando excelência, mas sempre como personagem.

Talvez o papel mais duradouro que já vivi tenha sido o de executivo. Isso por si só renderia um livro à parte. Já me divirto só em pensar.

Minha visão atual sobre os fatos é que durante o processo achava simplesmente que estava tratando de ser realista, ganhando a vida com um trabalho decente e deixando para trás os sonhos de menino.

A reinvenção

Em outubro de 1998 ocorreu um fato novo em minha vida o qual entendo hoje como o primeiro chamado do Pai. Conheci minha esposa, também artista. Após alguns desencontros, nos casamos no ano 2000 e temos três lindas filhas que também são artistas e entendem sua identidade em Deus.

No início do nosso casamento estávamos ambos sedentos de Deus. Entendíamos que nossa união era obra d'Ele. Tentamos voltar à nossa religiosidade familiar no catolicismo, mas não funcionou. Queríamos mais. Queríamos conhecê-Lo e nossa sede somente aumentava.

Em outubro do mesmo ano, um cara que eu detestava - e o sentimento era mútuo - teve que ir trabalhar na minha casa pois prestava serviços à minha empresa e eu estava me recuperando de uma gastrite. Apesar das encrencas, naquele dia esse homem deixou o Espírito Santo usá-lo e nos falou de Jesus de um jeito diferente. Fomos à sua igreja neopentecostal na periferia de São Paulo e lá iniciou nosso processo de conversão. Em fevereiro de 2001 nos batizamos em uma chácara no município paulista de Embu das Artes. Acho que esse local foi bastante profético! Depois nos tornamos membros da Igreja Batista do Povo, inclusive por ser próxima de onde morávamos. Enfim passei a viver um papel que ainda não conhecia e creio ser o mais importante: o de filho de Deus. Os demais (marido, pai, artista etc., são consequência)

Agradeço a Deus pelos pastores Jonas Neves e Enéas Tognini que nos ajudaram a crescer e desenvolver nossa fé. Exemplos do exercício da paternidade de Deus. Houve muitos outros irmãos e irmãs queridos que igualmente nos aperfeiçoaram. Citar mais nomes seria injusto pois fatalmente esqueceria alguém.

Ainda morávamos em Sampa em 2002, na Rua Frederico Von Martius, quando nasceu nossa segunda filha, a Anna. A Laura nascera em julho de 2000. Nessa época sediávamos um pequeno grupo de oração em nossa casa. Em uma das reuniões que terminavam em bate-papo, concluímos que todos os que estávamos ali já havíamos nos envolvido com teatro, dança ou outra arte cênica. Coincidentemente ou não, éramos um grupo de interesse. Aquilo nos intrigou e chegamos a comentar sobre as possibilidades de restaurar o antigo grupo de teatro da IBP que havia sido dirigido pelo irmão do Bob, o líder de nosso grupo. Chegamos a nos mover um pouco nisso, mas eu tinha algumas dúvidas sobre fazer arte no meio evangélico.

Em novembro do mesmo ano, após um período como sócio de uma agência de publicidade, numa época muito difícil, surgiu um convite de uma antiga empresa em que havia trabalhado em Curitiba. E nos mudamos de cidade.

Em 2006 eu já tinha uma ideia mais clara acerca de como fazer arte com cristãos. Vínhamos ministrando algumas oficinas de teatro em igrejas locais e na base da JOCUM do bairro Uberaba, onde tínhamos uma parceria com um ministério chamado Projeto Espanha que depois se transformou em um grupo de arte.

Numa noite do outono daquele mesmo ano, fui levado pelo Espírito Santo a estudar 2Crônicas 20 e fui ministrado sobre o papel de Jaaziel, levita filho de Matanias, levita dos filhos de Asafe, assim como o papel do próprio Rei Josafá por ter entendido o Espírito de Deus falando através de Jaaziel. Josafá obedeceu colocando os artistas para marchar louvando à frente do exército a fim de enfrentar uma dura batalha. Entendi o recado passei a ver nosso ofício com outros olhos. O exército de Josafá extremamente inferior em número, avançando pelo Deserto de Tecoa, com os artistas à frente, assistiu aos inimigos matando-se entre si. Recolheram os despojos e festejaram no Vale de Beraca. Desse texto, dessa noite e dessa revelação surgiu o nome do Ministério: Tecoa Beraca.

Conectados com pessoas de vários ministérios e denominações, realizamos várias oficinas e espetáculos desde então.

Finalmente eu entendera que o sonho de trabalhar com drama no teatro e cinema não era algo meu. Havia sido gerado por Deus em meu coração. Agora eu estava mais tranquilo. Ou seja, se era uma invenção de moda, não era moda minha. Era de Deus!

Mas algo ainda me intrigava. Se fora algo gerado por Deus, não poderia seguir sendo comum, banal ou igual ao que todos fazem. Comecei a pedir a Deus por algo novo. E Ele deu. O método de atuação por intercessão.

Antes e depois

Minha caminhada artística teve uma divisão a.C. - d.C. Nos primeiros anos trabalhei como ator, assistente de direção e de produção teatral; fiz comerciais de TV, participei como assistente de produção e figurante em um curta-metragem; produzi e dirigi filmes institucionais para empresas. Após minha decisão de seguir a Jesus, tenho trabalhado como autor, ator, diretor e produtor em nossos espetáculos teatrais, web shorts e um piloto de série pelo Tecoa Beraca. Seguiremos produzindo e ensinando nessa área enquanto Deus nos permitir.

Minha esposa Daniele iniciou no ballet e no desenho artístico. Viu seu sonho de ser bailarina frustrado por decisões familiares fora do seu controle. Quando nos conhecemos, reconhecemo-nos como artistas. Juntos conhecemos o Pai e reconhecemo-nos também como ministros. Ela é uma atriz fenomenal. Uma das melhores que já vi. Sem lisonja. E tem uma sensibilidade artística para o processo criativo, tem uma mente de produtora e diretora de elenco extraordinária. Por isso também nos completamos.

Entendendo que para ensinar temos que nos reciclar constantemente, voltei a estudar os métodos e me dei conta de que teria que rever os pensamentos daqueles que chamo de "eslavos do teatro". A trilogia principal do russo Stanislavski, os laboratórios do polaco Grotowski e os desdobramentos do ucraniano Kusnet. Como diretor tive também alguma influência do Zbigniew Ziembinski, outro polaco que foi um dos fundadores do moderno teatro brasileiro. Por um momento pensei até em reivindicar pessoalmente uma herança genética ou étnica. Brincadeiras à parte, talvez haja mesmo algum dom cultural específico plantado por Deus entre os povos eslavos. Só Ele sabe.

Também tratei de estudar mais a Bíblia e entendi em um sentido mais amplo o conceito da palavra ethnos que está em Mateus 14, no sentido de "Multidão de indivíduos da mesma natureza ou gênero (2)" pela definição do Dicionário de Strong pode ter um sentido mais amplo que nação, até porque o conceito de País ou Nação organizada politicamente é algo recente na História.

Ou seja, entendo que o trabalho com artistas de teatro, cinema ou TV poderia ser justamente um ethnos onde o Reino de Deus deve chegar. Ou, aproveitando o que vimos anteriormente, o mesmo conceito poderia talvez ser aplicado a uma área da sociedade que é naturalmente alcançada por quem carrega o DNA do Rei. A partir daí comecei a deliciar-me com as novas ideias e formas de exercer o ofício artístico. Não obstante, a questão que mais me animou para escrever estas páginas é o aprimoramento do trabalho de atuação em si.

Um ator aplicado, esforçado e conhecedor dos melhores métodos de construção de personagem, como também das melhores técnicas de atuação, está apto a realizar um bom trabalho e ser reconhecido por isso.

Alguns atores superam as expectativas por terem um talento nato extraordinário. Normalmente são os detentores dos melhores prêmios do teatro e cinema. Mas são exceções, quem não trouxe isso do berço precisa de muito treinamento e fé para chegar a um bom nível.

Tecoa Beraca

Entre viagens a trabalho, o dia-a-dia de casa, o trabalho da Daniele e as rotinas com as crianças, conseguimos no ano de 2009 produzir um espetáculo teatral chamado A Menina que Conheceu o Rei. Foi na montagem desse espetáculo que aplicamos pela primeira vez de forma sistemática o método MAI.

Entre os anos de 2007 a 2014 eu dividi minha vida entre três outros papéis, além da família. (1) O de executivo na sucursal de uma empresa espanhola de ITS; (2) Supervisor de grupos (dublê de pastor) em uma igreja local; e (3) Diretor, ator e produtor de teatro.

Para explicar um pouco o que é ITS, são sistemas e tecnologias de gestão e controle de tráfego e transporte. Mas para os leitores deste livro, prefiro enfatizar a parte mais divertida: essa empresa especificamente produzia os simuladores de meios de transporte mais profissionais e realistas do mercado. E eu pude experimentar os de caminhão, avião, submarino e viatura policial.

A Daniele é tradutora e uma excelente professora de Espanhol. É muito requisitada por editoras de livros de autores cristãos, principalmente.

Juntos sempre exercitamos alguma função "pastoral" na prática. Algo como um preparador físico. Alguém lembra quem foi o preparador físico da seleção de futebol que ganhou o último título mundial? Eu também não. Mas como já dizia o próprio Lutero, existe uma igreja invisível e o importante é fazer parte dela.

O fato principal é que Deus nos comissionou para sermos artistas do Reino. Um trabalho que podemos chamar de apostólico e profético num sentido mais amplo. Apesar de muitos líderes não entenderem isso, a arte é a maior ferramenta para divulgação, estabelecimento e ampliação de uma cultura. Basta ver o que significa Hollywood para o Mundo. Mesmo com pouco exercício mental é possível entender seu papel "apostólico" e "profético" principalmente no Ocidente.

Por falar em Hollywood, entendo que o artista deve ser remunerado pelo seu trabalho como o é qualquer outro profissional, mas quando fazemos arte sob uma cultura cristã, muitos imaginam que se recebemos algo por isso somos hereges. Os autores das mais famosas artes "sacras" foram remunerados. Até o momento em que escrevo estas linhas nunca recebemos salário como artistas, pelo contrário, investimos dinheiro. Porém quando ganhar dinheiro com arte confesso que vou gostar da ideia, e não é pecado. Faríamos de novo por amor à obra e à arte. Ainda bem que, no período que citei acima, a primeira função financiava as demais.

O maior desafio sempre foi o de ter um elenco fixo com tempo para dedicação exclusiva no período de produção. E mesmo superando isso, existem diferentes níveis de capacitação e talento. Entendo o conceito de que Deus capacita os escolhidos para a Sua obra, mas temos que fazer a parte técnica natural. Ele nos capacita para o sobrenatural. Podemos resolver essa disparidade com oficinas técnicas inclusive contando com a ajuda fraterna dos mais capacitados.

O sonho de consumo de um diretor de teatro é uma situação ideal com um bom texto, um elenco coeso, atrizes e atores talentosos e dedicados, um bom produtor e um palco profissional. Conseguir tudo isso ao mesmo tempo com um grupo profissional já é um milagre em si. Nós conseguimos isso em alguns trabalhos do Tecoa Beraca. Apesar das demais atividades de todos, conseguíamos escrever, atuar, produzir e dirigir nossas peças com a graça de Deus e a participação ativa das famílias.

11 NO PAIN NO GAIN

A expressão acima é comumente usada por alguns atletas e entusiastas frequentadores de academia. Dentro do contexto onde a expressão foi criada tem todo sentido.

Os ganhos de um atleta ou fisiculturista vêm pela dor nos músculos. O resultado esperado, que pode ser visto no espelho, custou muita dor levantando peso, correndo, girando pneus de trator ou lutando. O atleta fica satisfeito e internaliza a verdade de que a dor muscular traz benefícios.

Tomo a liberdade poética de adotar a mesma expressão no âmbito espiritual. Da mesma forma as aflições, a escassez, as dores, o sentir a própria dor ou a dor de outrem forjam o caráter do crente. Formam o crente inclusive para aprender a lutar.

Nas últimas décadas a igreja do Senhor Jesus vem perigosamente diluindo o evangelho. Ventos de doutrinas que vendem a falsa ideia de que se uma pessoa aceitou a Jesus; participou de uma reunião de integração e outra de cura e libertação, passará automaticamente a viver uma vida de prosperidade financeira, emocional, relacional, empresarial, ministerial, etc. Esse mesmo evangelho diluído em água na proporção 1/10 também cria uma bolha institucional e religiosa que deve ser protegida a todo custo para manter a aparência de bênção.

Pela mesma ótica rasa, se o crente perde o emprego, é abandonado por um familiar, vai à falência, fica doente, perde um ente querido ou fica sozinho no ministério, é porque está "em pecado", para dizer o mínimo. Se além disso, esse mesmo crente tem dom profético e percebe que algo na igreja ou em algum líder vai mal e Deus o usa para alertar ou admoestar, então é o fim. Será sumariamente acusado de pecador herege que dá "profetadas" e ouve a satanás. Bom, até mesmo o Senhor Jesus foi acusado de expulsar demônios por Belzebu, isso não é novidade. João Batista foi decapitado por exortar um governante. Elias foi exilado e ameaçado. Eliseu foi perseguido. Jeremias foi jogado no poço. Paulo foi espancado e preso várias vezes. Estêvão foi morto a pedradas, etecetera.

Para piorar esse tipo de situação, existe hoje uma vertente que diz que o crente "neotestamentário" não precisa sofrer por mais nada pois Jesus já sofreu tudo por nós na cruz! Segundo esse entendimento, pode-se concluir então que Paulo e Estêvão foram bobos e não aproveitaram essa prerrogativa? Talvez todos tenhamos recebido um easter egg quando nos convertemos, com um bônus de "não tribulação", porém alguns, como Paulo e Estêvão, não encontraram o presente!

Entendo que muitos líderes usam isso para reforçar a fé das pessoas. Está bem reforçar a fé, mas a Bíblia diz que temos que ser formados como soldados. Soldados são formados para lutar. No âmbito natural não existe uma formação militar teórica e triunfalista onde as vitórias vêm sem luta. Ninguém vence a uma partida esportiva sem jogar, nem sequer em jogo de videogame. Apenas uma passagem bíblica é suficiente para destruir o sofisma: João 16:33 diz: "Estas coisas vos tenho dito para que tenhais paz em mim. No mundo, passais por aflições; mas tende bom ânimo; eu venci o mundo.".

Ruddy Gracia, ministrando sobre isso, fala sabiamente que "os falsos profetas nunca serão perseguidos" e que os verdadeiros profetas são formados "a martelo".

Artistas também sofrem

Sim, artistas também sofrem. Mas não desanimem pois Jesus venceu o mundo.

Faz parte do exercício artístico o passar por tribulações. Neste caso é pessoal mesmo, sem espiritualizar nada e sem fazer referência ao processo de criação. Estou falando dos problemas pessoais de cada um. Contas para pagar, família para alimentar, filhos que choram ou brigam, decepções, enfermidades. Bem-vindos ao mundo real!

A linda canção, composta por Edu Lobo e Chico Buarque para a trilha sonora da peça O Grande Circo Místico do Ballet do Teatro Guaíra, transmite de forma terna e divertida a fantasia e o imaginário infantil em relação ao artista-personagem. A bailarina da canção idealiza uma perfeição quase divina da artista, o que nos remete diretamente à obra de Jorge de Lima.

ARENA DOS BASTIDORES

A poesia de Jorge de Lima é densa e complexa para muitos. Jorge se converteu ao catolicismo já adulto. Isso o colocou na contramão do intelectualismo brasileiro que tendia a rejeitar todas as formas de cristianismo. Iniciou na poesia pelo parnasianismo e enveredou pelo modernismo na década de 1920. Seu poema mais famoso foi "A Invenção de Orfeu", uma obra barroco-surrealista. Sua poesia é permeada por elementos oníricos, surrealistas e místicos com uma inspiração cristã católica. Sua obra "A Túnica Inconsútil", de 1938 foi a que inspirou o espetáculo "O Grande Circo Místico", roteirizado por Naum Alves de Souza, em 1983. Jorge inspirou artistas a falarem sobre o próprio ofício num sentido mais amplo.

O desafio do artista é levar a plateia a outro nível. É conduzir o imaginário do espectador a um ponto de vista diferenciado. Como quem realiza um voo panorâmico de helicóptero e vê o parque de diversões completo, acima da barraca de tiro-ao-alvo, dos balões de gás Hélio, do pipoqueiro, da montanha russa e da roda gigante. Se aquilo tudo lá embaixo era divertido individualmente, de cima algumas coisas ficam mais claras. Até o estacionamento fica mais bonito. O grande desafio de um artista com discernimento espiritual é conduzir o espectador a uma experiência única onde o gosto da pipoca é sentido ao mesmo tempo que o frio na barriga do loop da montanha russa.

Se o primeiro desafio já é difícil de cumprir para o artista que recebe boletos e sobe no picadeiro sentindo o cheiro de queijinho que seu bebê deixou no figurino ao sair de casa, imagine o segundo!

Quando o apóstolo Paulo fala aos filipenses, no capítulo 4, ele diz:

> *"(...) aprendi a viver contente em toda e qualquer situação. Tanto sei estar humilhado como também ser honrado; de tudo e em todas as circunstâncias, já tenho experiência, tanto de fartura como de fome; assim de abundância como de escassez; tudo posso naquele que me fortalece."*

Segundo o dicionário de Strong, a palavra *autarkes* (αυταρκης) usada neste texto para contentamento significa "de 846 e 714 ; TDNT - 1:466,78; adj 1) suficiente para si mesmo, forte bastante ou que produz o suficiente para não necessitar de auxílio ou apoio 2) independente de circunstâncias externas 3) contente com a sua sorte ou fortuna, como os recursos que possui, ainda que limitadíssimos".

Mesmo quando o recurso que temos é escasso, temos que aprender a viver com isso até que ele aumente ou melhore. Quando compreendemos que Deus nos fortalece para isso, o que temos passa a ser o suficiente para seguir. Isso pode ser produzido em todos os âmbitos de nossa vida. Sempre será esperado do artista que ele tenha os recursos e a sensibilidade necessária para não deixar a peteca cair!

Se defendemos a ideia de discernir espiritualmente a dor de outrem a fim de compor uma personagem ou qualquer outra obra de arte, estamos certos de que é possível aprender com cada composição e será ainda mais fácil construir e capitalizar sobre nossa própria dor e limitações. Se nosso Senhor Jesus foi levado ao deserto para ser provado, como podemos julgar-nos imunes à mesma situação? O deserto é uma honra. É no deserto que aprendemos. Conforme cita o Pastor Eneas Tognini em um de seus livros, "Moisés aprendeu na escola do deserto". Ali os recursos físicos são escassos ou nulos, em compensação os recursos espirituais são amplificados exponencialmente.

O segredo para o artista viver contente em toda e qualquer situação é entender quem nos fortalece para isso. Executar com êxito as tarefas que nos são propostas por ofício somente é possível com esse nível de contentamento. Todo o resto é pura vaidade.

12 DRAMATURGIA

Escrever peças teatrais bem como roteiros de filmes, séries ou novelas sempre foi um desafio. Hoje vemos uma constante distorção dos idiomas, das linguagens e dos conceitos morais de uma sociedade pós-moderna hedonista e cerceada pelo "politicamente correto". Essa distorção ainda é agravada pelo excesso de dependência tecnológica. Os phones e os gadgets estão cada vez mais smarts enquanto seus usuários estão cada vez mais dumb. O pior inimigo do escritor moderno é o Genius Seculi. Essa coisa que Hegel preferia chamar carinhosamente em seu idioma de zeitgeist, Paulo já chamava de "O deus deste século", que cegou o entendimento dos incrédulos (2Coríntios 4). Jesus chamou de "o príncipe deste mundo" em João 12:31.

Para que um diretor consiga montar um espetáculo que alcance os corações contaminados pelo zeitgeist, precisa de textos redigidos sob muita inspiração, graça e sabedoria, como resultado de jejum, oração e intercessão.

A seguir apresento peças teatrais de minha autoria que já foram encenadas. Assim como já ocorreu por diferentes grupos teatrais, os textos são de uso livre para encenações, com a única exigência de que a autoria seja citada na divulgação das apresentações seja por meio impresso ou digital.

"A Menina que Conheceu o Rei" não é uma adaptação direta do livro em que me inspirei, pois várias personagens inexistem na obra de Max Lucado, foram criados especificamente para a peça.

A segunda é Estela, uma peça que traz uma reflexão espiritual e psicológica sobre o aborto. Baseado nessa peça, estou escrevendo outra. Chama-se "A Roda dos Enjeitados".

12.1. A Menina que Conheceu o Rei

Cena 1: QUEM É QUEM.

O cenário é uma praça em uma aldeia no estilo europeu do Século XVI com um poço ao centro. Manhã. Surgem aldeões e vendedores. Todos congelam. Do poço, sai Hipólito, o polichinelo. Hipólito é a única personagem que quebra a 4ª parede. Traz um alaúde.

Hipólito:

Ufa, enfim! (*dirige-se ao público*) olá, eu sou Hipólito! O polichinelo, mas pode também me chamar de Bobo da Corte ou também de (*pensa*) Menestrel. Enfim, o que importa é mesmo é o que mais gosto de fazer: contar histórias e cantar (*brinca com seu alaúde*)
No entanto também levo uma grande vantagem em relação a vós! (*sarcástico*)
Eu sou uma personagem livre! Vós estais no mundo real!
(*se aproxima de um dos aldeães e o cheira*) Vós fedeis!
(*se aproxima do figurante morto que está sendo carregado*) Vós morreis! (*rindo*)
Até inventei uma rima sobre mim mesmo, que modestamente – e eu sou muito modesto! – ficou excelente. Escutem só:
(*canta*)
Hipólito, o polichinelo insólito!
Hipólito, o polichinelo insólito!
(*para de tocar*) Por que alguns de vós estais olhando como bobos? Eu posso fazer o que quiser!
Aliás, eu levo outra grande vantagem sobre vós. Eu conheço o fim desta história.
Vocês não sabem nem mesmo o fim da sua própria história! (sarcástico).
Abstenham-se de matar-me agora! Nem ao menos deixem o teatro! Não vos preocupeis. Por mais inúteis que sejam, eu lhes darei a honra de seguir contando.
Bem, vamos ao que interessa!
(*volta ao proscênio "forçando a passagem" pela quarta parede, posiciona-se no centro do palco e prepara-se solenemente*) Respeitável público! (*pensa*). Não! melhor fazer diferente!
(*ajeita a voz e canta*)
"Eu não vou mais contar pra ninguém a história do gato xadrez!
A história da menina e do Rei
É o que vou contar dessa vez!
Havia num país distante,
Cinco crianças errantes

Órfãs que viviam mal
Que cheiravam mal
Passavam dificuldades
Mais do que os de outras cidades...
Órfãs que viviam mal
Que cheiravam mal.

Eu não vou mais contar pra ninguém a história do gato xadrez!
A história da menina e do Rei
É o que vou contar dessa vez!"
(*sai de cena cantando e descongela as demais personagens*)

Cena 2: BATATAS E MAÇÃ

Praça. Fim de tarde. Mariana segue para casa com um balde de madeira e uma escova na mão. Ela tem um vestido simples e surrado, cabelo com tranças e descalça. Na praça encontra-se com o ex-soldado e vendedor de batatas Tito.

Tito:
Batata, batata! Bonita e Barata! Basta bacia!

Mariana:
Senhor, senhor!

Tito:
Balbucie breve!

Mariana:
O Senhor só fala palavras com "B"?

Tito:
Na verdade não, é só pra chamar a atenção da freguesia! (*cochichando*) Falar nisso, tu não queres levar algumas batatas?

Mariana:
Na verdade, eu queria, mas tenho apenas 25 centavos.

Tito:

Para ti eu vendo 3 batatas por 25 centavos!

Mariana:

Mas Senhor, eu tenho quatro irmãos além de mim em casa!

Tito:

Nesse caso, mocinha, eu faço um acordo! Você leva as cinco batatas e fica me devendo 20 centavos para amanhã. Que tal?

Mariana:

Mas senhor, eu não posso ficar devendo. Eu não sei o que acontecerá amanhã! Me dê por favor mais uma batata por esse valor!

Tito:

Hum! (*pensa*) Está bem, então proponho outro negócio: Afinal como ficará um de seus irmãos, sem comer batata? Leves mais uma e ficas me devendo 10 centavos para amanhã!

Mariana:

Senhor, eu preciso levar 4 batatas para meus irmãos, afinal eu comi bem ontem e posso esperar de novo até amanhã! Mas se o Senhor não puder, tudo bem!

Tito:

Hum......está bem! (*resignado*) Tomai tua quarta batata! (*joga para a menina*). Até amanhã! (*ao acenar deixa cair sua bengala*).

Mariana:

(*Volta, junta a bengala e a entrega para Tito*) Tome aqui Sr. Tito! Até logo! (*começa a sair de cena*)

Tito:

Ei menina, esperes! Como sabes meu nome? (*surpreso*)

Mariana

Eu presto atenção nas pessoas e vi uma senhora lhe chamando um dia!

Tito:

Hum. (*emotivo*) Ei menina, e tu, como te chamas?

Mariana:

Mariana, senhor!

Tito:

Pegues Mariana! Levai mais uma batata! É por minha conta!

Mariana:

Obrigada! Deus o abençoe!

Tito:

(*Sorri para Mariana e acena. Se recompõe e volta a anunciar seu produto*) Batata, batata! Bonita e barata! Basta bacia! Bote bolada no bornal!

(*Mariana junta-se ao grupo de crianças sentadas no chão da praça. Entrando pelo outro lado da praça, Judite e Salomé se aproximam*)

Judite:

Olhai! Salomé!

Salomé:

De quê falas, Judite?

Judite:

Estás vendo? O batateiro deu batatas como esmola praquela reles miserável! É por isso que esses desgraçados continuam na rua! Horda de desocupados!

Salomé:

É uma ignomínia! Esse inútil nem quis dar-me um desconto outro dia! Oxalá esses miseráveis o roubem para que ele aprenda!

Judite:

Hei Salomé, esperes! Aquela não é uma das crianças órfãs do cortiço?

Salomé:

Sim Judite, acho que é mesmo! Alguém precisa tomar uma providência em relação a essas crianças! Temos que falar com o Alcaide Licurgo Pepino!

Judite:

Isso mesmo! Convençamo-lo a convocar o Conselho de Anciãos! Que façam uma lei que nos livre dessa canalha!

Salomé:

Espere caríssima Judite (*pensando*), isso é como camundongos: Livra-se de um tanto e sempre aparecem mais. Sejamos mais astutas (*sarcástica*). Podemos usar esses roedores da boa ordem a nosso favor.

Judite:

Relatai, pois teu plano! Fazes fervilhar meu cérebro! (*curiosa*)

Salomé:

(*Música. Coreografia. Salomé faz sinal de silêncio a Judite. Vai até a banca, pega uma maçã e joga moedas com desprezo. Aproxima-se lentamente de Elisabeth. Mostra a maçã e faz sinal chamando a menina que aceita o convite e se aproxima, chorando. Salomé oferece a maçã e ela aceita. Salomé dá as costas e segue. Deixa cair o lenço. A menina pega o lenço e com reverência a segue. As outras crianças a puxam. Ela mostra a maçã e o lenço, exultante. Vão saindo. Salomé vira-se para Judite, abre os braços mostrando o óbvio. A música para. Os atores que estão em cena congelam.*)

Hipólito:

(*Entra assobiando, pega a maçã de Elisabeth congelada. Vai até a boca de cena. A cortina fecha. Hipólito apoia-se na coluna e começa a comer a maçã. Come-a até o fim, olhando para o público. Lambe os dedos e sai*)

Cena 3 FRIO E TOUCINHO:

Casa dos órfãos. Elizabete está sentada no centro de cena, encolhida de frio, e Ruben está em um canto lendo. Entra Carolina.

Carolina:

Elisabete, por que ainda estás acordada?

Elisabete:

Não consigo dormir. Está muito frio! Estou aqui para me esquentar.

Carolina:

E por que não pegas teu cobertor então?

Elisabete:

Não posso...

Ruben:

Elisabete estragou seu cobertor.

Elisabete:

Eu não estraguei!

Ruben:

Claro que estragaste! Jogando toda aquela tinta em cima dele.

Elisabete:

Eu não joguei tinta! Eu o pintei!

Carolina:

Pintaste? E de onde conseguiste tinta?

Ruben:

Foi Tito, o batateiro. Ele pintou sua carroça e deu a tinta que sobrou para Elisabete.

Carolina:

Ah, então é isso... E por que pintaste justo o teu cobertor? Acaso não sabes que precisas dele para dormir?

Elisabete:

Eu não tinha outro tecido, as cortinas já estão muito rasgadas e eu agora só tenho esta roupa... Ruben não me deixou pintar o casaco dele...

Ruben:

Claro que não! Eu não quero que meu casaco fique parecendo roupa de menina!

Carolina:

E porque não pintaste as cadeiras, ou qualquer outra coisa?

Elisabete:

"As cadeiras"? Agora nós só temos uma! E logo ela pode virar lenha também, como as outras três. Eu não quero que minha pintura vá para o fogo!

Carolina:

Pois sim, e o que você quer que vá para o fogo então?

Elisabete:

Ora, queime esses livros do Ruben! Não servem para nada, e só assim ele ficará mais tempo brincando conosco!

Ruben:

Como és tola Elisabete! Os papéis não queimam por muito tempo, não esquentariam nem a ponta de seus dedos. Melhor começar a usá-los lendo-os quem sabe assim eles possam começar a aquecer o teu cérebro!

Carolina:

Ruben, não sejas tão duro com Elisabete. Além do mais, enquanto vocês discutem todos nós tremcmos de frio. Pegues logo estes pedaços de madeira que estão espalhados pela casa e acendas o fogo!
(Ruben se levanta para atender ao pedido de Carolina. Enquanto tenta acender o fogo, entra Carlos)

Carlos:

O que vocês estão fazendo!?

Carolina:

Estamos tentando acender o fogo!

Carlos:

Com as minhas esculturas!? Parem imediatamente com isso!

Elisabete:

Com as suas o quê?

Carlos:

Minhas esculturas... *(envergonhado)*

Ruben:

Ha ha ha Não me faças rir! Chamas a estes pedaços de madeira tortos de escultura?

Carlos:

E como querias que eles ficassem? As únicas ferramentas de que disponho são esta faca que Carolina usa para descascar as batatas e este pedaço de metal, ou sei lá o que é isto!

Carolina:

Carlos! Porque mexestes nas minhas coisas! Devolva-me já isto!

Carlos:

E para que queres esta ferramenta esquisita? Acaso também esculpes em batatas?

Carolina:

Isto não é para esculpir. Não sabes que o metal serve para tocarmos músicas?

(*Todos olham intrigados para Carolina*)

Carolina:

Funciona assim. Vejam... (*Carolina começa a bater com o pedaço de metal em vários objetos da casa, produzindo sons ritmados*)

Carlos:

Ha ha ha ha! Chamas isto de música?

Carolina:

Imagines o que eu faria se tivesse uma flauta...

Ruben:

Pares de sonhar!

Elisabete:

E eu duvido que conseguirias tocar alguma coisa, mesmo se tivesses uma flauta! Eres uma boba!

Carolina:

Cala-te Elisabete! E vais buscar teu cobertor sujo (*Elisabete olha para Carolina com reprovação*) está bem, como preferir: teu cobertor pintado, senhorita mestra das artes! (*Elisabete sai para buscar o cobertor. Todos riem dela.*)

Elisabete:

Pareis de rir de mim! (*Carlos toma o cobertor da mão de Elisabete para se cobrir*).

Ruben:

Carlos, sejas cavalheiro! Deixai que as meninas se cubram, afinal, somos homens, podemos melhor que elas, suportar o frio. (*Carlos entrega o cobertor para Carolina mesmo contra sua vontade. Carolina põe o cobertor sobre Elisabete, e também se cobre com ele.*)

Elisabete:

Cuidado para não borrar meu desenho!

Carolina:

É claro que tomarei cuidado. Afinal, não quero manchar minha roupa com esta tinta.

Elisabete:

Não tens nestes teus livros desenhos de pintores famosos Ruben?

Carlos:

E para que queres ver estes desenhos?

Elisabete:

Oras, para tentar copiá-los!

Carlos:

Sim, como se tivesses tal capacidade!

Elisabete:

Fales isto mais uma vez e jogarei agora mesmo estes teus pedaços de madeira tortos pela janela!

Ruben:

Elisabete! Agora que já te aquecestes, por que não vais dormir?

Elisabete:

Não posso.

Carolina:

Ai, o que foi agora?

Elisabete:

Estou com muita fome e preocupada com Mariana. Não conseguirei dormir.

(*Todos olham para Elisabete, indicando que não conseguem dormir pelo mesmo motivo*).

Mariana:

Carlos, Carolina, Rúben, Elisabete! Eu trouxe batatas! (*enquanto entra na casa*)

Carolina:

Oi Mariana! Não estás com frio? (*aproximando-se com um cobertor*)

Mariana:

Sim, obrigada! Olhai, eu trouxe batatas!

Carlos:

Vivas! Teremos sopa!

Ruben:

Ah não! Comeremos as batatas assadas, eu estou cansado de sopa!

Carolina:

Não Ruben! A sopa rende mais, não é Carlos?

Carlos:

Sim, Carolina e ainda por cima podemos usar este pedaço de toucinho que tenho em meu bolso.

Carolina:

Não acredito que tu tens um pedaço de toucinho, Carlos! De onde tiraste isso?

Carlos:

Vi uma ratazana ontem que levava o toucinho na boca, (*rindo*) Deve ter roubado da Taberna da Judite! Então tirei de sua boca e aqui está!

Elisabete:

Que nojo, eu não vou querer isso na minha sopa!

Carolina:

Ora Elisabete, tu és muita nojenta, até parece que tens escolha!

Elisabete:

Eu creio sim que poderemos ter coisas melhores! (*Carlos lhe oferece o pedaço de bacon para ela cheirar*) Saias de perto de mim com essa coisa nojenta, Carlos!

Carlos:

Cheires Elisabete! A pobre ratazana não teve tempo nem de saborear o toucinho! Deixe de ser burra!

Elisabete:

Tu és um ignorante! Não vês que onde há pessoas doentes também há ratos por perto?

Carolina:

Oh, que inteligência, você é discípula de algum estudioso de ciências?

Rúben:

Acabeis já com essa discussão idiota! Deixai que as meninas preparem nossa sopa como acharem melhor! Não vês a situação em que estamos? Não temos escolha e temos que dar graças pelo pouco que temos!

(Mariana continua no palco, dormindo no pequeno colchão. Começa a sonhar. Inicia a música. Aos poucos o pano fecha e entra a bailarina Esperança para dançar o Tema dos Trapos. A bailarina performa uma coreografia onde todos os trapos que estão presos ao seu corpo vão se soltando até que fique apenas o traje tradicional de balé na cor branca. À medida em que a música suaviza um grupo de crianças entra correndo pelo lado oposto. A música cessa. As crianças vão rindo muito e catando os trapos. Saem pelo mesmo lado da bailarina.)

Cena 4 – O ARAUTO

Tito:

Batata bonita barata e boa! Batata bonita barata e boa! Compre e não hesite! Olá Dona Judite!

Judite:

Olá Senhor Tito batateiro! Ouve-se dizer que há um arauto chegando na cidade, não é?

Tito:

Sim, dona "Beldade", já está nos muros da cidade!

Aldeã:

Hei, Salomé, o que faz um arauto?

Salomé:

Acaso não sabes? É um mensageiro do Rei, alguém que traz uma notícia importante que deve ser anunciada a todos!

Aldeã:

Olhem, ele já está aí!

Guarda1:

Eis que chega o Arauto do Rei! (*aproxima-se escoltando o Arauto*)

Arauto:

Atenção, atenção povo da Terra dos Gentios! Faço saber a todos desta aldeia o novo Edito do Rei. O Rei declara o seguinte: (*lendo*)
"Eu, o Rei, irei pessoalmente até a aldeia para adotar todos os órfãos. A saber, cinco ao todo!"

Salomé:

O que mais ele diz Senhor Arauto? Quando ele chegará?

Arauto:

A qualquer momento! Estas são as palavras do Rei. Que os órfãos estejam atentos e preparados para quando o Rei chegar.

Judite:

Preparados? Como assim, preparados?

Tito:

Espere Senhor Arauto! Por favor, espere, até que chamemos os órfãos para que possam ouvi-lo em bom som e alto!

Arauto:

O que devia ser dito já foi. Eis tudo! Agora tenho que ir! Apenas anunciem isso!

Guarda 2:

Abram espaço para o Arauto!

(todos entram em alvoroço e falam ao mesmo tempo)

Tito:

Precisamos contar essa novidade às crianças da nossa cidade!

Aldeã:

Sim, eles precisam saber logo!

Judite:

Esperai horda de ignorantes! Não pode ser qualquer pessoa! Deve ser alguém com um nível mais elevado. Alguém que entenda de assuntos da Corte. Eu e Salomé faremos isso! Com certeza o Prefeito e o Velho Deitado apoiarão a ideia e nos darão a Grande Credencial!

Aldeã:

Mas, Madame Judite, o Arauto falou a todos nós e disse que nós deveríamos anunciar!

Salomé:

Cala-te, inútil! Todos sabem que pela tradição, os assuntos da Corte nesta Aldeia só podem ser tratados pelo Velho Deitado, com anuência do Prefeito e por pessoas que já tenham experiência nisso! Judite tem toda a razão! Apenas pessoas de nosso nível podem receber uma Grande Credencial!

Judite:

Vamos perguntar ao Velho Deitado!

Salomé:

Então, Velho Deitado! Dentro de vossa sabedoria da tradição dos provérbios perdidos escritos na areia eu pergunto: Não é verdade que apenas aquele que possuir a Grande Credencial é que pode anunciar os editos do Reino?

Velho Deitado:

Sim. (*deitado em sua maca, levanta o dedo indicador, lentamente*)

Salomé:

E não é verdade também Velho Deitado que essa grande credencial só pode ser dada pelo Alcaide e a alguém que possui a sabedoria para falar com o povo assim como eu?

Velho Deitado:

Sim. Ou então também... (*tenta falar, com dificuldade*)

Salomé:

Muito bem (*interrompe fechando a boca do Velho Deitado com a mão*), Plebe ignara! Ouvistes o ancião Velho Deitado. Agora, recolhei-vos à vossa insignificância e deixai que tratemos este assunto!

(*O povo sai. No proscênio ficam apenas Salomé e Judite, congeladas*)

Cena 5 - HIPÓLITO LENDO UM MANUSCRITO.

Hipólito:

Segundo os últimos estudos realizados pela Real Academia de Ciências, estudiosos descobriram que em diferentes culturas a figura paterna é desconsiderada. Sendo o pai uma figura sem importância. Nesse caso a criança por lei deve considerar como referências masculinas os parentes da mãe. Porém, e ainda bem, as crianças ignoram a referida lei e prosseguem considerando seu pai. Ao final concluem que a força da consciência primária é maior do que a força de um código cultural forçado.
(*dirigindo-se ao público*)
Hum, interessante. Pode-se tentar enganar o sistema com leis absurdas, mas a vossa cachola tem um antivírus instalado pelo Fabricante! Hehe! Quisera eu que nós, como personagens teatrais também a tivéssemos a mesma sorte! Droga!!!! (*sai murmurando*)

Cena 6 - SONHO DE CARLOS

(*Entra Carlos com um candelabro e roupa de dormir. Olha para a coxia, coça os olhos. Música de fundo que aumenta gradativamente. Entra uma bailarina com o resto das crianças e ocorre uma coreografia: Carlos coloca o candelabro no chão suavemente sem apagar as velas. Brincam de roda e cantam a cançano "Criança que Não Brinca". As crianças estão com roupas novas e claras. Aos poucos a música vai baixando. As crianças vão saindo aos poucos. Carlos as vê sair. Vai até onde está o candelabro e o pega. Esfrega os olhos e assopra a vela. As luzes se apagam.*)

Cena 7- REUNIÃO NA CASA DE LICURGO

Casa do Alcaide Licurgo Pepino. A aia Louise limpa o chão com um esfregão.

Louise:

(*limpa a garganta e declama com sotaque francês - paródia do "Poema aos olhos da amada"*)
Oh mon Alcaide!
Que braços os teus
São colinas suntuosas
Aos olhos meus!
Son abrigos constantes
Força evidente
Que acolhe com justiça
Os aldeões teus!

Oh mon Alcaide!
Que força tu tens
De tanta segurança
Nos fazes reféns
As aldeãs te admiram
E invejam minha sorte
De assistir-te de perto
A força que tens!

Oh mon Alcaide!
Que justo tu és!
Aplicas tua força
Em prol das galés
Aos fracos defendes
E a mim me concedes
Os carinhos devidos
De lavar os teus pés!

Oh, mon Alcaide
De planos augustos
Cria a esperança
Ao traçá-los a meu lado
De ver nossas crianças
Satisfeitas e protegidas
Por sentirem-se acolhidas
Por teus braços justos!
Je t'aime, mon amour! Mon grand Chevalier!

Ferreira Gomes:

(*Aproximando-se lentamente, surpreende Louise. Limpa a garganta*) Boas tardes!

Louise:

Aaaaaaaah!!! (*assustada*).

Ferreira Gomes:

Ou seria, uma boa noite senhorita? Por favor, recomponha-se. Por favor anuncie minha chegada ao Sr. Alcaide!

Louise:

Ah....desculpe-me, mas.... a quem devo anunciar?

Ferreira Gomes:

Como a quem deves anunciar? Acaso não o sabeis?

Louise:

Albert, o inventor?

Ferreira Gomes:

Não.

Louise:

Baron d'Arignac, o vinicultor?

Ferreira Gomes:

No...

Louise:

Non, non, espere! Já sei! Humm Monsieur Cristobal! O navegador?

Ferreira Gomes:

Não, não e não! (*irritado*) Quanta ignorância! Sou incomparavelmente melhor que esses todos que você citou! Queira ter o inominável prazer de conhecer o ilustre Senhor Doutor e Engenheiro Ferreira Gomes, o maior empreiteiro dessas terras! (*orgulhoso*).

Louise:

Hum, nunca ouvi falar! (*medindo-o*) O quê é um empreiteiro?

Ferreira Gomes:

Ora! (*muito irritado*) Não sei porque perco tempo com uma criada insolente e metida a poeta! Anda! Vá chamar o Sr. Alcaide, antes que eu perca a paciência!

Louise:

Oui Monsieur, Oui Monsieur, Oui Monsieur! (*faz uma reverência e sai de cena enquanto Ferreira Gomes retira de sua pasta alguns rolos com projetos*)

Licurgo:

Ora ora ora, se não é meu caro amigo Ferreira Gomes! (*entrando em cena*) Que honra é recebê-lo! Que bons ventos o trazem?

Ferreira Gomes:

Meu caro Licurgo, conforme eu havia prometido, vim visitar sua aprazível aldeia e, não apenas como um curioso, mas além disso, como alguém que veio para trazer grandes ideias para projetos magníficos!

Licurgo:

Após nossa conversa em Vila Rica não pensei que serias tão rápido! (*ansioso*) Fazes fervilhar meu cérebro! Vamos diga-me!

Ferreira Gomes:

Pois bem meu caro amigo alcaide, após seu convite para me tornar um "amigo da Aldeia", fiquei assaz entusiasmado com a possibilidade de realizarmos grandes obras por aqui! Se é que me entendes!

Licurgo:

Claro, claro! Como eu não entenderia! (*para por um instante quando Louise aparece limpando um móvel*) Aham! Aham! (*dirigindo-se a ela após sua saída ele continua*). Então, como eu estava dizendo, também estou deveras entusiasmado. Que tens para mostrar-me?

Ferreira Gomes:

Veja esse projeto: Um corredor exclusivo para diligências!

Licurgo:

Hum, muito interessante! E esse?

Ferreira Gomes:

Que tal esse museu de arte em formato de queixo?

Licurgo:

Queijo?

Ferreira Gomes:

Não, *QUEIXO*!

Licurgo:

Queixo?

Ferreira Gomes:

Sim, o meu! (*apontando para seu queixo*)

Licurgo:

Ok. Perfeito! (*sarcástico*) E esse?

Ferreira Gomes:

Um galinheiro oficial à prova do ataque de gaviões.

Licurgo:

Hum, melhor não! Talvez seja exagero! (*muda um pouco o tom de voz*). Eu, na verdade, faria uma ponte. Sabe meu caro amigo. Tudo isso é muito interessante, porém estamos com um problema sério. Estamos sem verbas!

Ferreira Gomes:

E por que não aumentas os impostos?

Licurgo:

Já fiz isso há três meses com o propósito da construção do novo poço...

Ferreira Gomes:

Podes alegar que as obras são emergenciais!

Licurgo:

Não sei Ferreira, devo pensar em algo mais nobre para a arrecadação de novos recursos. Dê-me algum tempo para pensar.

Ferreira Gomes:

Bom, Licurgo (*desapontado*), como dizem por aí, tempo é dinheiro! Preciso ir!

Licurgo:

Esperes, caro Ferreira, ao menos tomemos um copo de vinho!

Ferreira Gomes:

Apenas para comemorar algo, Licurgo! Apenas para comemorar! Com sua licença, tenho que ir! Até logo!

Licurgo:

Até logo! Aia! Sirva-me o jantar! (*irritado*)

Louise:

Oui Monsieur! Já estou servindo!

Licurgo:

(*senta-se, serve o vinho e come uma coxa de ave. Gasta algum tempo nessa ação*)

Louise:

Pardon Monsieur Alcaide... (*diz, após limpar a garganta*)

Licurgo:

Arretez vous, Louise! Como ousas interromper meu jantar? Espero que seja por um motivo muuito sério!

Louise:

Monsieur Alcaide, Il y a la Comtesse Salomé qui arrive!

Licurgo:

Faça com que entre! (*nervoso*)

Salomé:

É uma ignomínia! (*entra empurrando Louise*) Um insulto aos meus doces olhos! Um disparate!

Licurgo:

(*larga a coxa, pigarra, toma um gole do vinho da taça e limpando a boca com um enorme guardanapo*) Dizei, minha gazela das campinas! Minha flor da fruta da paixão! O quê te aflige?

Salomé:

Aaaaah Licurgo! Licurgo meu! Aaaah Licurgo! Vinde consolar tua garça! Aaaaaaaia! Sua aia inútil! (*dirigindo-se a Louise*) Traga alguns sais agora! Ohhh, acho que vou desfalecer!

Louise:

Non posso, Senhorra! Tenho que ir, porque já terminou minha jornada! Au Revoir!

Salomé:

Ora, sumas daqui, sua sindicalista afetada!

Licurgo:

Calma minha doce pimenta! Dizei-me o que te aflige!

Salomé:

Que desolação vivem pessoas de tua aldeia, meu querido! Aquelas crias maltrapilhas pelas ruas! Que destino cruel e que infortúnio! Como comoveu-me a cena que assisti... Porém esses filhotes de remadores das galés finalmente têm uma chance real. Mas, devemos prepará-las como se deve. E isso não é um trabalho para qualquer idiota. Afinal é um anúncio Real!

Licurgo:

Sim, tens razão! Chamarei meus conselheiros. (*dirige-se à coxia*) Conselheiros!

Salomé:

Não Licurgo (*preocupada*), meu pequeno urso, não se pode fazer algo tão importante com crianças usando porta-vozes oficiais frios e sem sentimentos! Deixai esse trabalho comigo. Apenas tendes que conceder-me uma Grande Credencial! Tu sabes como quero ajudar-te a resolver os problemas de nossa aldeia, não é meu pomposo alcaide?

Licurgo:

Mas minha flor (*refletindo*), tu sabes que não posso conceder uma Grande Credencial para qualquer pessoa! É algo por demais..., digamos,... oficial!

Salomé:

O quê? Você me chama de "qualquer pessoa"? Que ofensa!

Licurgo:

Não, minha doce salamandra, não é a isso que me refiro. É que minha autoridade é por demais responsável e as grandes credenciais somente são emitidas em casos extremos! Os conselheiros podem entrar com um recurso administrativo na Corte.

Salomé:

Mas meu esquilo saltitante, não há nada mais extremo que a fome!

Licurgo:

Entendo minha esperta marmota, mas devo resolver isso de outra forma. (*olha para a coxia*) Conselheiros!

Salomé:

Não Licurgo!!!! De jeito nenhum! (*desesperada*)

Licurgo:

Por quê?

Salomé:

(*vai para a boca de cena*) É que.... (*solta o cabelo, insinua-se*)

(*começam os acordes do tango. Começam a dançar e ambos cantam*)

Licurgo:

Minha gazela, o que te aflige?

Salomé:
Sou gazela e me tratas como escória!

Licurgo:

A situação assim o exige!

Salomé:

Não me venhas com essa história!

Licurgo:

Dou-te tudo, só não te dou a credencial!

Salomé:

De que vale o que me dás, se não confias em mim? Não vai adiantar!

Licurgo:

Não digas isso! Me faz mal!

(*a seguir, declamam dançando durante a música*)

Salomé:

Então faças valer suas porfias.

Licurgo:

Mas querida eu não posso!

Salomé:

Sim é só querer!

Licurgo:

Até quero, mas não posso!

Salomé:

Sim tu podes!

Licurgo:

Não, não posso!

Salomé:

Sim tu podes!

Licurgo:

Não, não posso!

Salomé:

Sim. (*para*) tu podes!

Licurgo:

(*entrega a credencial*) Eis aqui!

(*Ao final, Salomé enfia um cravo na boca de Licurgo, inclina sua cabeça para o lado e sai. Licurgo congela. Fecha acortina*)

Cena 8: REGRAS.

(*Entra Hipólito. Pega o cravo da boca de Licurgo. Vai até a boca de cena, joga o cravo para a plateia!*)

Hipólito:

O quê? Não posso jogar cravos para o público? Quem fez essa regra? Vocês devem respeitar regras! Eu não. Eu sou personagem. (*acha um papel no chão*). Ei, que feio! Quem jogou isso aqui? (*Desamassa o papel e começa a ler, imitando*) Hum... "Este teatro possui duas saídas de emergência ao fundo.

Uma à sua direita e outra à sua esquerda. Junto à saída existem recipientes para o lixo e extintores de incêndio. Desliguem seus aparelhos celulares (*olha para o público*) O quê é isso? (*limpa a garganta e continua lendo*): "Bom divertimento". (*olha para dentro da cortina*) Hum, interessante. Comportem-se, eu já volto! (*colocando o dedo indicador na boca*)

Cena 9 : SALOMÉ E JUDITE CONVENCENDO AS CRIANÇAS

Casa das crianças. Elas estão contando histórias na sala. Cobertas com mantas. (*Ouve-se alguém batendo na porta e Carlos vai abrir*).

Carlos:

Quem está aí?

Salomé:

São as benfeitoras sociais da Aldeia: Salomé e Judite! Abram a porta para ouvir as boas notícias! (*em off*)

Carlos:

O quê são benfeitoras sociais, Senhora?

Salomé:

São as pessoas boas e justas que têm a Grande Credencial dada pelos governantes para fazer ação social. (*enfastiada – em off*)

Carlos:

O quê é ação social?

Judite:

Abre logo, menino idiota! Ou preferes morrer de frio e de fome?

Carolina:

Abre logo, Carlos! Vamos ver o que essas senhoras querem!

Judite:

Como é difícil cuidar de pobres! (*entra empurrando Carlos que abre a porta*) Como são ignorantes!

Salomé:

Menos, Judite! Menos! (*reprovando*)

Judite:

Está bem Salomé! Tudo em nome da causa!

Salomé:

Crianças, como é bom vê-las! Trago-vos uma notícia muito importante!

Carlos:

Vindo das senhoras não nos interessa! (*desconfiado*)

Mariana:

Carlos! Não sejas malvado! Deixes que essas senhoras falem!

Carlos:

Está bem!

Rúben:

Dizei, pois Senhoras! O quê vós quereis de nós? Não vedes que somos pobres e sequer temos o que comer? Se as senhoras têm algo importante a dizer, deve ser algo realmente útil. O quê é?

Salomé:

Muito bem! Vejo que tu és um mancebo inteligente! Vai impressionar o Rei!

Rúben:

O Rei? (*surpreso*). Como assim, o Rei?

Judite:

Sim, menino! O Rei! Em pessoa! Diz que quer adotar a todos vocês. Ocorre que isso tem um preço! Tens alguma ideia do que isso significa?

Salomé:

Judite! Deixes que EU dou a notícia! Não compliques mais a situação!

Carolina:

Como assim, Senhora Salomé? Quer dizer que o Rei, em pessoa nos quer adotar? E por que faria isso?

Salomé:

Porque deve ser uma pessoa magnânima. Aliás deve ser a melhor pessoa do mundo e boníssima, para querer adotar um bando de...Quer dizer para vos fazer o que é melhor!

Carlos:

Espere aí, Madame Salomé, como saberemos se não estás mentindo?

Mariana:

Não fales assim Carlos! Isso é muito feio! (*dirigindo-se a Salomé*) desculpe-me pelo Carlos Madame Salomé!

Carolina:

É verdade Carlos! (*dirigindo-se a Salomé*) mas madame Salomé, com todo o respeito, sabendo que a Senhora não nos tem nenhum apreço. Como saberemos se o que dizes é real ou não nos está enganando?

Salomé:

Oh! Que ignomínia! (*ofendida*) eu abro mão de meu conforto de Condessa! Miro a classe pobre de minha aldeia com olhares justos de quem quer fazer um bem social! Intento promover uma classe de plebeus a um patamar melhor! Desdobro-me em angústias pela dor de vê-los sofrer. E o que recebo em troca? Desdém e desconfiança! Oh como a vida é cruel e injusta.

Carolina:

Está bem, Madame Salomé. (*constrangida*) Continues a falar! Desculpe-me, eu não queria ofendê-la!

Salomé:

Mesmo não precisando vos provar nada eu me humilho mostrando minha credencial. Eis aqui a Grande Credencial.

Rúben:

É verdade, Carolina! É a Grande Credencial! Desculpe Madame! (*faz reverência*)

Mariana:

Mas o quê é a grande credencial?

Rúben:

Eu ouvi a notícia na cidade! Segundo o Velho Deitado é uma autorização especial dada pelo Alcaide para que uma pessoa possa falar como porta-voz dos assuntos do Reino!

Carlos:

Desculpa Madame Salomé! (*envergonhado*) Dizei como será nossa adoção!

Salomé:

Vós não sereis adotados sem uma contrapartida! Nada é de graça! Deveis impressionar o Rei. O Rei é muito exigente e quer que as pessoas mostrem seus talentos!

Rúben:

Puxa vida, lerei todos os livros que puder! Mostrarei ao Rei meus conhecimentos!

Carolina:

Eu comporei e cantarei as melhores canções do Reino!

Carlos:

E eu esculpirei as melhores esculturas para o Rei! Esculturas que nunca ninguém viu igual!

Elisabete:

Sim! (*alegre e tímida*) Eu acho que agora tenho um motivo para viver! Será que poderei voltar a pintar meus quadros? Pintarei os melhores quadros para o Rei!

Carolina:

Claro Elisabete! Não creio! Estás alegre novamente! Como é bom ver tua alegria, minha irmã! Claro que sim, minha querida! (*emocionada e abraçando-a*)

Carlos:

Elisabete, pintarás em telas!

Mariana:

Que bom, Elisabete! Como será lindo ver teus quadros!

Rúben:

Isso tudo é magnífico! Escreverei uma poesia sobre este dia!

Salomé:

Isso mesmo meus queridos plebeuzinhos! (*satisfeita e sarcástica*) Alegrem-se, pois, é chegada a vossa hora! Porém, há algo que estais esquecendo: (*mudando o tom, dirige-se a Rúben*) Como tu comprarás os livros, menino? (*a Rúben*) E seus instrumentos e partituras, donzela? (*a Carolina*) E a madeira nobre e suas ferramentas, sua peste? (*a Carlos*). E tu, tristonha? (*se aproxima de Elisabete*) Como comprarás telas e tintas e pincéis?

Judite:

Não sabeis nem sequer falar direito! (*gritando e sarcástica*) Chorai!

Entristecei-vos! Rangei os dentes, plebe ignara! (gargalha) Nenhum Rei vos quererá!

Elisabete:

Eu sabia que tudo não passava de um sonho e agora é um pesadelo! (*chorando*) Por que fui crer que poderia?

Carolina:

Calma, Elisabete! Por quê nos trouxeste essa notícia Madame, para depois nos mostrar que é impossível! Por que fizestes isso?

Judite:

Para que tenhais vergonha na cara e saiais da Aldeia para sempre!

Salomé:

Calma Judite! Aquietem-se todos! Eis que tenho agora a melhor de todas as notícias: Para aqueles entre vós que se submeterem a MIM como mantenedora eu lhes proporcionarei o que precisam.

Carolina:

Como assim, madame?

Salomé:

O magnânimo e augusto Alcaide Licurgo Pepino em sua magnificência e bondade extremas deu-me a autoridade para angariar fundos para vossa empreitada. E eu, com toda minha astúcia e inteligência farei com que os idiotas úteis...., quer dizer, os aldeões de boa vontade façam doações de recursos e materiais para que vós possais impressionar o Rei com seus talentos!

Judite:

É, somente a minha querida amiga, a Condessa Salomé, faria algo assim tão nobre! Mesmo que vós não o mereçais!

Salomé:

Agora sim, podeis anunciar isso a toda a Aldeia. Vamos andem!

(*Todos festejam*)

Elisabete:

O quê tens, Mariana? Por que estás triste?

Mariana:

Não tenho nenhum talento especial, Elisabete!

Elisabete:

Mas podes tentar algo. Ainda há tempo!

Mariana:

Está bem! (*Sai com seu baldinho*)

Elisabete:

Até mais! (*junta-se ao grupo em festa*)

(*apagam-se as luzes*)

Cena 10: NA CALADA DA NOITE!

Praça. Chega Judite com uma capa preta com capuz. Traz consigo uma vela acesa.

Judite:

(*Aproxima-se do centro do palco*) Por que Salomé ainda não chegou? Será que vem com Licurgo? (*ouve um ruído e se assusta*) Aaah! Quem és tu?

Ferreira Gomes:

Calma, calma! Sou Ferreira Gomes, também sou amigo do partido! Salomé, eu presumo!?

Judite:

Não, sou Judite! Amiga de Salomé. E que história é essa agora de "Amigo do Partido"?

Ferreira Gomes:

É a expressão que o Alcaide Licurgo me pediu para usar ao identificar-me! (*cochichando*) Disse que agora é a nova senha para as reuniões da SSN. Por falar nisso, o quê significa exatamente essa sigla?

Judite:

SSN é Sociedade Secreta Noturna. Entendeu? No início era para ser simplesmente nosso grupo de controle da aldeia. Agora o Alcaide anda com essa mania de siglas, decisão colegiada e outras bobagens.

Ferreira Gomes:

Muito bem, senhora Judite, me preocupam essas reuniões quando há atraso. Onde estará o Alcaide? Terá se entretido com a sua aia?

Judite:

O quê? Com a aia? Como assim? Deixe minha amiga Salomé saber disso!

Ferreira Gomes:

Me perdoe, Senhora Judite, talvez eu tenha entendido mal! É que a aia de Licurgo me pareceu assim, digamos, tão...apaixonada. Bom, deixe isso pra lá! À propósito, devem ser eles... (*acena com a lanterna*).

Licurgo:

Bom, caros confrades e confreiras, a proposta é a seguinte: Utilizaremos o propósito de ação social arquitetado por Salomé para angariar recursos. Salomé explica melhor.

Salomé:

Sim, meus queridos, como nosso povo é muito sensível a temas sociais, não relutará em oferecer-nos recursos desde que para uma boa causa. Tendo em vista que o propósito é promover esses maltrapilhos para que sejam vistos por um Rei, farão tudo de bom grado. "Faremos uma Grande Angariação de Recursos".

Ferreira Gomes:

Sim, mas e como eu entro nessa história? Faleis logo. Fazes fervilhar o meu cérebro.

Judite:

Simples sua anta, faremos um pregão público para escolher um mercador que fornecerá os instrumentos e materiais que esses pestinhas precisarão para "exercer seus talentos". Se é que têm algum, além de perambular pelas ruas.

Salomé:

Judite, não sejas cruel. O Sr. Ferreira Gomes não teria a obrigação de saber nosso plano por completo.

Ferreira Gomes:

Sim, mas meu negócio é construção e arquitetura. Não sou mercador.

Licurgo:

Ora, Ferreira, concordo que não sois uma anta, mas sois pelo menos uma mula! Queres ganhar dinheiro ou esperar por obras que não serão feitas nunca? Pediste-me para pensar e trazer a solução para fazermos negócios. Pois eu a trouxe. É pegar ou largar!

Salomé:

Espere aí, meu gafanhoto das campinas! EU trouxe a solução! Vocês todos dependem de minha astúcia!

Judite:

Também não é assim, Salomé! Sem minha fibra você seria somente uma fidalga decadente!

Ferreira Gomes:

Depois a mula e a anta sou eu! Acaso não sabeis que a casa dividida não prospera? Pareis já com essa discussão idiota! Já entendi o plano. Não interessa quem foi o autor! No final quem dará a cara a tapa serei eu mesmo! Sempre é o empreiteiro que dá a cara a tapa, não é mesmo? Não sei se concordo com isso!

Licurgo:

Ora caro Ferreira, não te desanimes e não te preocupes! (*contemporizando*) Eu te darei todo o respaldo de que necessitas! Acaso esquecestes nossos negócios passados? Como bem disseste outro dia, tomas vinho apenas para comemorar! Pois façamo-lo agora! (*Abre uma garrafa e serve a todos*)

Judite:

Um brinde aos negócios da SSN!

(*todos brindam e congelam*)

Cena 11: O PODER CORROMPE!

(*Hipólito entra em cena, pega o documento da credencial que está com Salomé. Abre-o. Vai até a boca de cena e começa a ler. Os demais atores saem de cena*)

Hipólito:

"O magnânimo e augusto Alcaide Licurgo Pepino em sua magnificência e bondade extremas outorga AUTORIDADE..." (*sarcástico*) Hum, como o poder é bom! O quê foi? (*dirigindo-se ao público*) Alguém dentre vós não gosta de poder? Ser filho do chefe! Ser o guardião dos segredos de uma Organização secreta! Ser o único portador de uma mensagem! Como o poder é bom! (*pensa e finge que chora*) É... porém corrompe! Sinto-me sujo! (*reflete*) Que problema tem se no final das contas promoverei o bem comum? O quê é uma mentirinha no caminho. A finalidade do projeto justifica as minhas ações! (*sai cantando*) Eu tenho talento! Vou impressionar alguém. Eu vos estou impressionando! Que delícia! Tenho o poder sobre os ouvintes! Isso é muito bom!

(apagam-se as luzes)

Cena 12: A GRANDE ANGARIAÇÃO DE RECURSOS E A INAUGURAÇÃO

(*Ao som da canção "Domingueira". Cena coreografada. Salomé, Judite, Licurgo e Ferreira Gomes angariam recursos da população. Ao final Licurgo "inaugura" as crianças, cortando uma grande faixa com uma tesoura gigante. As crianças ficam felizes com os talentos. Expressam seus talentos. Todos congelam*)

Cena 13: TENTATIVAS DE MARIANA

(*O povo deixa a praça e ficam as crianças. Mariana se dirige aos outros*).

Mariana:

Carlos, posso esculpir com você?

Carlos:

Com licença, Mariana, tenho pouco tempo para esculpir algo bonito. Não me atrapalhe!

Mariana:

Elisabete, posso pintar em suas telas?

Elisabete:

Não Mariana. Preciso inspiração para pintar algo para o Rei. Vou para a colina e não venhas perturbar-me!

Mariana:

Carolina, ensine-me a tocar em sua flauta?

Carolina:

Não tenho tempo para você! Deixe-me pois quero ensaiar algo lindo para o Rei.

Mariana:

Rúben, ensina-me a ler?

Ruben:

De jeito nenhum! Agora que terei minha própria biblioteca tenho muito o que ler e não posso te ajudar!

Mariana:

(*Canta*)
Estou tentando ser melhor
Buscando encontrar
Alguma forma de te agradar
Para te impressionar
O que você vai pensar de mim?
Se sou tão simples assim?
Não tenho talento para te mostrar
Será que irá me aceitar?
Desejo te ver
Não vou me esconder, não
Eu quero te conhecer
Aceita-me então.

(*Enquanto canta, recebe uma batata de Tito e a entrega logo a um mendigo que cruza o palco. Colhe uma flor e a entrega em seguida a uma mulher triste que cruza o palco*)

Tito:

Olá Mariana! Por onde andavas? Há viajantes na entrada da cidade com cavalos para que cuides! Há alguns que chegam e perguntam por ti!

Mariana:

Tens razão Sr. Tito! Vou voltar à entrada da cidade! Deve haver viajantes precisando de ajuda e cavalos cansados!

Tito:

Quando voltares, pegues algumas batatas para levar! Obrigado porque me ajudaste a ir ao médico outro dia! Te agradeço muito!

Mariana:

Não foi nada de mais Sr. Tito! Apenas Gosto de ser útil! Até mais!

Tito:

Até!

Cena 14: O VIAJANTE
Na entrada da cidade.

(*Mariana ajeita sua sacola e pega a escovinha. Ajeita o balde e quando levanta os olhos vê um viajante que se aproxima*).

Viajante:

Ei, mocinha! Tu poderias dar comida ao meu burro?

Mariana:

Claro que sim! (*solícita*) Deixai o burro comigo. Quando o Senhor voltar ele estará bem cuidado e alimentado! (*pensa*) Diga-me uma coisa (p*egando um punhado de feno em uma gamela*), o Senhor veio para ficar?

Viajante:

Apenas por algum tempo.

Mariana:

O Senhor está cansado da viagem?

Viajante:

Sim, bastante.

Mariana:

O Senhor gostaria de se sentar um pouco? (*mostra um banco*)

Viajante:

(Senta-se, recosta-se e dorme)

Mariana:

(Sai de cena rapidamente e volta com o balde. Para em frente ao viajante e se agacha. Observa-o atentamente. Deixa cair a escova).

Viajante:

(Acorda e sorri para Mariana, que fica envergonhada e se afasta)
Ficastes me observando todo esse tempo?

Mariana:

Sim.

Viajante:

O quê queres?

Mariana:

Nada. O Senhor parece ser um homem amável. É bom ficar perto de vós!

Viajante:

És uma menina esperta. *(se levanta)* Quando eu voltar, conversaremos mais.

(O viajante sai. Mariana senta-se no mesmo banco e dorme. Música. Bailarina entra dançando com as mesmas crianças que vêm correndo atrás dela com pincéis, livros, um violino e sai)

Cena 15: O VIAJANTE VOLTA

(O viajante entre. Mariana acorda e começa a ajeitar sua sacola. Guarda a escovinha. Ajeita o balde e quando levanta os olhos vê o viajante que volta)

Mariana:

Encontrastes a quem procurava? (*sorridente*)

Viajante:

Sim, mas eles estão ocupados demais para me receberem.

Mariana:

O quê o Senhor queria?

Viajante:

Encontrei aos que procurava, porém um estava esculpindo como louco, para completar logo a sua obra. Ele disse-me para voltar amanhã. A outra é pintora. Eu a vi sentada no alto da colina, mas as pessoas embaixo disseram-me que ela não queria ser perturbada. Uma outra é musicista. Sentei-me com os outros para ouvir sua música. Quando lhe pedi para conversar ela disse que não tinha tempo. E ainda um outro a quem eu procurava, estava muito apressado para ir à biblioteca.

Mariana:

Mas o Senhor não se parece com um Rei! (*surpresa e emocionada*)

Rei:

Eu procuro não parecer. Ser Rei é ser solitário. As pessoas comportam-se estranhamente à minha volta. Pedem favores. Tentam impressionar-me. Apresentam-me suas queixas.

Mariana:

Mas não é para isso que serve um Rei?

Rei:

Certamente. Mas há ocasiões, em que eu gostaria de, simplesmente, estar com o meu povo. Gostaria de conversar com as pessoas para ouvir sobre o seu dia, rir um pouco, e até chorar.

Mariana:

É por isso que quer adotar as crianças?

Rei:

Sim, é por isso. Crianças gostam de conversar. Os adultos acham que devem impressionar-me, as crianças não. Elas apenas querem conversar comigo.

Mariana:

Mas meus irmãos estão muito ocupados! Não é?

Rei:

Sim, estão! Mas eu voltarei! Talvez eles tenham tempo para mim outro dia. Você gostaria de vir para o meu castelo?

Mariana:

(*emocionada, faz que sim com a cabeça*)

Cena Final: O REI VAI COM MARIANA

(*O Rei pega Mariana pela mão, vai com ela até a boca de cena e alguns servos aparecem. Os guardas colocam uma capa branca sobre Mariana e sobre o Rei colocam uma capa bordada com a palavra "Rei" em vários idiomas. Inicia a última música. Saem de cena*).

(*Entra Hipólito carregando os símbolos dos talentos das outras crianças. Vendo a saída do Rei, larga as coisas corre até a quarta parede. Não consegue mais passar. Cai prostrado e chora. Entra a Bailarina que o convida para dançar. Dançam. Fecha o pano*)

Fim.

12.2. Estela

Cena Única:

(*Cemitério. Noite. Neblina. Vento. Estela usa uma camisola branca*)

Estela:

Esquisito! (*entra aturdida e estranhando o ambiente. olha para os lados*) cadê a porta do banheiro? O quê é isso? Parece um cemitério! Ah não acredito! Eu não devia ter assistido aquele filme maluco! (*bate no próprio rosto*) Acorde Estela! Acorde! (*espera um pouco. Respira fundo. Olha para os lados*) Já sei! Fecho os olhos, deito aqui um pouco e o sonho muda! (*Fecha os olhos. Abre novamente e vê que nada aconteceu*) Ah! Que droga! Tá difícil!

Túmulo:

Oi!

Estela:

Aaah! (*dá um salto*) O que é isso? (*se afasta com medo*)

Túmulo:

Você está com medo?

Estela:

Mais ou menos! Quem é você?

Túmulo:

Sou um túmulo.

Estela:

O que?

Túmulo:

Sim, um túmulo! Por quê? Não pode?

Estela:

Sei lá. Acho que não. Túmulo não fala!

Túmulo:

Não só fala como quer te ajudar!

Estela:

Ajudar? Desculpe eu não preciso de ajuda de um túmulo, nem sonhando! Além do mais você é ridículo! Parece um palhaço com cara de gótico!

Túmulo:

Muito engraçadinha! (*rindo*) Mas o assunto não sou eu. É você! Vamos falar de você hoje! E de suas escolhas!

Estela:

Não, obrigado! Era só o que faltava! Um túmulo, num sonho, se metendo na minha vida. De jeito nenhum, se liga cara!

Túmulo:

Sinto muito, mas nisso você não tem escolha, vai ter que ouvir até o fim!

Estela:

Mas não vou mesmo! (*assustada*) Olha aqui seu Túmulo, isso já está parecendo brincadeira de mau gosto! Tá, tudo bem! Assisti filme de vampiro e estou neste sonho. Agora, vamos combinar, podia aparecer o Robert Pattinson, morder meu pescoço e terminar com os créditos! Pronto! Fechou! Boa forma de terminar um sonho! Mas isto aqui ninguém merece! Chega! Vou embora! Dá licença! (*tenta sair e é interrompida pelo poste que acende a luz*) Ah! Que droga! Quem botou esse treco na minha frente! Que luz é essa?

Poste:

Opa, "treco", não! Olha o respeito! Eu sou um poste!

Estela:

Tá, ok! Mas não dá para pelo menos tirar a luz da minha cara?

Poste:

Quem sabe! Mas vamos clarear suas ideias primeiro? Você ainda não entendeu que queremos te ajudar! Será que dá para colaborar?

Estela:

Pronto, agora tem mais um poste que quer bater papo comigo! Não tem nenhum cachorro pra fazer xixi em você não? Fui! (*tenta se afastar*)

Poste:

Estou falando sério, moça! Este sonho mal começou e você vai ter que aguentar até o fim. Não funciona assim, "vou sair do sonho na hora que eu quiser!" Isso aqui não é um Shopping Center! E não tem controle remoto pra desligar quando você quer!

Estela:

Então não é um sonho, é um pesadelo! (*debochando*)

Túmulo:

Bom, o fato é que nós achamos que você precisava desabafar! Vai, pode falar!

Estela:

Falar o quê?

Túmulo:

Sobre sua vida, suas escolhas, seus sonhos!

Estela:

Caramba, vocês são insistentes mesmo, né? (*debochando*) Escolhas?

Sonhos? Que tal começar pelos pesadelos?

Túmulo:

Não se faça de boba. Sabemos que você tem o que falar. Vai! Sonho é pra isso! E este em especial!

Estela:

Espera aí! Discordo! Tem outras formas de desabafar!

Poste:

Quais?

Estela:

Ah, sei lá... psicanalista, psicólogo, padre, pastor, cabeleireiro, mas não um túmulo e um poste ridículos dentro de um sonho!

Túmulo:

Vai, fala a verdade! Você não conta tudo para nenhum desses! Só o que te interessa!

Poste:

E aposto que ainda mente um pouquinho!

Estela:

É o seguinte, eu não sou a Alice no país das maravilhas e vocês não são nem sequer coloridos! (*falando para o poste*) vamos fazer o seguinte, eu tenho muito o que fazer amanhã, preciso descansar e vocês estão me enchendo o saco neste sonho! Vai lá iluminar o seu amigo túmulo enquanto eu acordo, tá! (*tenta abrir caminho pelos vasos e estes a espremem*).

Vasos:

¡Flores, flores! ¡Flores para los muertos!

Estela:

Agora ainda tem um par de vasos que falam! Eu mereço! (*desacorçoada, ela se senta*)

Vaso 2:

¡Pobrecita! ¡Que hermosa chica! ¿Estás cansada?¡ ¿Quieres un té?

Estela:

Tá bom! Então me traz um de camomila! Ah meu Deus do céu! Será que não dá pra pelo menos unificar o idioma neste sonho? Não tem um controle com tecla SAP aqui não? Tem algum Diretor deste sonho? Deus ou seja lá o que for! Olha só já estou até falando em Deus! É brincadeira!

Túmulo:

É um bom começo!

Estela:

Tá bom. Gente, então vamos lá! Vocês querem me ajudar! OK. Então quero ver quem resolve essas questões: Minha pós-graduação está me tirando o sono! (*olha para as demais personagens que a reprovam*) ah, não é isso... ok. Meu cartão de crédito está estourado e... (*é interrompida pelas demais personagens que fazem sinal negativo*) não é isso também? Mimi! Ah sim, Mimi ficou doente esta semana... a levei seis vezes ao veterinário e... (*é interrompida e respira fundo*) Ok, bom, nesta semana também eu encontrei o Flávio e acabei de terminar um relacionamento horroroso! Não foi fácil! (*Vaso2 serve o chá*) O quê é isso? Já está cheia! Pode parar, obrigada!

Vaso 1:

Esse é o problema com você! Você está cheia! Precisa esvaziar para completar com outra coisa!

Estela:

É, estou cheia mesmo! Cheia de tudo isso que falei! Cheia de vocês! Tá bom, pronto! Falei tudo, mas não esvaziou nada! Bom conselho esse!

Vaso 2:

Jesus disse: "Vinde a mim todos os que estais cansados e sobrecarregados e eu vos aliviarei!"

Vaso 1:

Fala, Vaso!

Estela:

Pronto! Ainda por cima os vasos são crentes! Bom pelo menos tem alguma coerência! Olhem aqui, senhores vasos, já vou avisando que ninguém vai me dizer o que fazer!

Poste:

Tome, Estela! Suas dívidas! (*entrega-lhe uma gaveta com suas contas*)

Estela:

É isso aí poste! Obrigada por me lembrar! Também se eu não pagar minhas dívidas, quem vai pagar! Jesus vai pagar?

Vaso 2:

Querida! Todas as suas dívidas estão nessa gaveta!

Estela:

É, eu sei! Não está faltando nenhuma! Nisso vocês são bons! Até a da diarista está aqui! Ei, o quê é isso aqui? (*pega um novelo de lã com duas agulhas enfiadas, olha bem e joga no chão. Vaso 1 pega o novelo*)

Túmulo:

Fale sobre esse relacionamento! Por que você terminou?

Estela:

Acabou ué. (*irritada*) Já havia acabado. Eu não aguentava mais.

Túmulo:

Ele não merecia uma chance?

Estela:

Ele teve todas!

Túmulo:

E como você sabe que foram todas!

Estela:

Qualquer mulher sabe, droga! O cara era um grude! Me sufocava! Ou então era indiferente!

Vaso 1:

Engraçado, não entendo. Como que era um grude, sufocava e ao mesmo tempo era indiferente?

Estela:

Quando eu não aguentava mais eu perdia a estribeira e falava tudo! Depois ele ficava emburrado e indiferente por um tempo.

Túmulo:

Tá, mas e isso não poderia ser resolvido? E você não gostava de se sentir cuidada?

Estela:

Ah não, eu sempre fui muito independente. Queria alguém que entendesse isso. Que fosse companheiro, provedor, mas ao mesmo tempo que me respeitasse quando eu quisesse ficar só, sair com as amigas, cuidar da minha carreira.

Poste:

Aposto que você também ainda queria que ele fosse mais carinhoso e te entendesse mais.

Estela:

Exatamente! Como você sabe? Só que não é tudo. Queria também que ele respeitasse meus momentos, minha TPM e me incentivasse. Enfim, queria apenas alguém que me fizesse feliz. É pedir muito?

Poste:

Ah propósito, quanto tempo vocês ficaram juntos?

Estela:

Esse foi o maior problema! Eu percebi que estava perdendo o melhor. Estava perdendo minha juventude! Lembrei de mim mesma. De que precisava fazer o que eu gosto! Realizar meus sonhos.

Poste:

Você não respondeu!

Estela:

O quê?

Poste:

Quantos anos?

Estela:

Ah, os piores e mais terríveis três anos da minha vida.

Poste:

Ah, tá! (*enquanto todos se entreolham*)

Estela:

O quê foi gente? Foram terríveis sim. Por acaso vocês estavam no meu lugar? Hein? É errado querer ser feliz? Eu tenho só 22 anos! Tenho uma vida pela frente!

Túmulo:

E você está feliz agora?

Estela:

Sim (*nervosa, enquanto guarda os papéis na gaveta*) Claro que sim! Me sinto livre! Estou ótima!

Vaso 1:

Você sabe o quê é isso aí? (*Traz para Estela o novelo que ela havia jogado*)

Poste:

Espere aí, vou iluminar aí!

Estela:

Só em sonho mesmo! (*olhando para as agulhas*) eu não sei o quê isso fazia nesta gaveta com dívidas!

Vaso 1:

Eram as agulhas da sua mãe, Estela! (*pega as agulhas*)

Estela:

Sim, agora me lembro! Lá vinha ela bem com esse novelo aí, fazer aquele vestidinho ridículo, cheio de bolinha e frufru que eu odiava! Minhas amiguinhas riam de mim!

Vaso 2:

Mas não era com elas que ela fez suas roupinhas de bebê?

Estela:

Devia ser também, sei lá! Ô vaso, jogue isso fora!

Vaso 1:

Não posso! Não é meu! (*manuseando as agulhas*) Isso aqui fala de você, mas poderia fazer você não falar. Quando isso chegou aqui, não foi para fazer suas roupinhas. Sua mãe ganhou isso da tia dela por outro motivo!

Naquela época se abortava com isso! (*pensando*) mas creio que sua mãe fez a escolha certa!

Estela:

Tá e o quê eu tenho com isso? (*nervosa*) O problema foi dela! Hoje tem clínicas especializadas! Eu não seria idiota de abortar com isso! Já tenho até hora marcada. Já está tudo certo! (*pensa*) eu acho! (*começa a chorar, depois levanta e pega o novelo. Cheira. Chora mais e começa a arrumar a gaveta*)

Túmulo:

Estela! Você não é assim! Sua identidade é outra! Eu não sou uma lixeira! Sou um túmulo, ok? Você não precisa gerar mais essa dívida! Você ainda tem escolha! Você ainda tem escolha! (*fala alto enquanto sai de cena*)

Estela:

(*chora debruçada sobre a gaveta, continua guardando as coisas na gaveta*)

Vaso 2:

Estela, era disso que eu falava. (*pegando a gaveta*) Você já está quase pronta para entender! A propósito, isto aqui é seu? (*acha uma boneca antiga e mostra a ela*)

Estela:

Acho que sim. (*enxugando as lágrimas*) Era minha preferida para brincar. Eu falava que era minha filhinha. Eu trocava suas fraldas. Meu pai até fez uma caminha pra ela. (*muda a expressão ao falar no pai*)

Vaso 2:

Sim, e o que você fez com ela depois?

Estela:

Joguei fora quando tinha uns doze anos! (*secamente*)

Vaso 2:

E por quê?

Estela:

Porque não era minha! Era da minha irmã. (*Começa a rir e chorar ao mesmo tempo*). Bom, o quê isso tem a ver agora?

Vaso 2:

Não jogue fora o que não é seu! Sua mãe entendeu isso por alguns segundos naquele dia!

Estela:

E quando eu acordar?

Vaso 2:

Deus quer te dar o maior presente. Ele fala de escolhas o tempo todo.

Estela:

E quando eu acordar?

Vaso 2:

Acho que você saberá o que fazer. (saem e deixam Estela só). Música.

Fim

13 FECHANDO AS CORTINAS

Meu avô sempre repetia uma frase: "o que não tem solução, solucionado está!". No entanto ele mesmo buscava sempre esgotar todas as possibilidades de resolução de algo antes de proferir o decreto.

Creio que todas as missões a nós conferidas devem ter no mínimo o mesmo tratamento. Como artista e cristão creio que devemos executar com zelo o que nos é proposto. Fazer como que para o Senhor.

Entender nossa identidade de filho bem como o fato de que os sonhos que temos são obra de Deus, são o ponto de partida para entender mossa missão. Assim como a da menina que conheceu o Rei.

Discernir o que a Palavra de Deus fala sobre sermos sacerdotes e parte de uma nação santa nos ajuda também a compreender os cinco ministérios e o papel profético da arte.

Nesse contexto creio que Deus, como Pai, quer suprir nossas necessidades incluindo os dons e talentos e ferramentas espirituais úteis para cumprir nosso propósito.

Esta é uma proposta e um incentivo para que o artista cristão entenda que pode ir além, exercendo um nível de fé e de relacionamento avançado com o Criador.

Todo artista quer ser reconhecido ao final de cada apresentação e nada melhor que ser visto pelo Pai com a mesma alegria e coração daquela menina bailarina que se alegra ao ver seu pai assistindo no auditório do colégio.

Meu desejo para todos os leitores é de que ao fechar a cortina em cada espetáculo de sua vida, você possa ir ao camarim com a sensação de dever cumprido e de ter combatido o bom combate, assim como deve ter ocorrido com os artistas de Josafá.

BIBLIOGRAFIA

A literatura sobre Arte é interminável, e limito-me aqui a livros de minha própria biblioteca consultados para este trabalho.

Primeiro e principalmente a Bíblia Sagrada. Consultei sempre a Bíblia Shedd, na tradução de João Ferreira de Almeida Revista e Atualizada, o aplicativo Olive Tree Bible para i-phone com a ARA e o Dicionário de Strong, a King James (inglês), a Louis Segond (francês) e a Reina Valera (espanhol).

Também usei os seguintes livros como ajuda-referência para algumas consultas:

O Renascimento: Paul Johnson. – Rio de Janeiro: Objetiva, 2001

1599 Um Ano da Vida de William Shakespeare: James Shapiro.- São Paulo: Planeta, 2010

Cinema e Fé Cristã: Brian Godawa. - Viçosa-MG: Ultimato, 2004

Manual de Teologia Sistemática: Wayne Gruden. - São Paulo: Ed Vida, 2001

Diccionario dos Synonymos da Lingua Portugueza: J. I. Roquete e José da Fonseca. - Paris: Aillaud Guillard, 1871

Os Criadores: Paul Johnson. - Rio de Janeiro: Elsevier, 2006

My Life: Isadora Duncan. - New York: Horace Liveright, 1927.

Apontamentos H., T. e D. da Cidade de Paranaguá: Demétrio A F da Cruz.- Rio de Janeiro: Bibliotheca Brasileira, 1863

A Linguagem do Cinema: Robert Edgar-Hunt, John Marland, Steven Rawle. - Porto Alegre: Bookman, 2013

Mi Vida en el Arte: Constantín Stanislavski.- Buenos Aires. Quetzal, 1991.

A Preparação do Ator: Constantin Stanislavski.- São Paulo, Civilização Brasileira, 1984.

A Construção da Personagem: Constantin Stanislavski.- São Paulo, Civilização Brasileira, 1998.

A Criação de um Papel: Constantin Stanislavski.- São Paulo, Civilização Brasileira, 2015.

Introdução às Grandes Teorias do Teatro: Jean-Jacques Roubine.- São Paulo, Zahar, 2003.

SOBRE O AUTOR

Edinilson José Kovaleski é ator professional e diretor, membro do SATED-PR e registrado no DRT-MT sob número 31.197 PR. Iniciou sua carreira de ator em um grupo de teatro amador em sua cidade natal em 1986. Atuou em várias peças, apresentando-se em festivais e em temporadas regulares. Cursou a faculdade de Artes Cênicas na Fundação Teatro Guaíra em parceria com a PUC-PR. Alguns anos após deixar o curso, estudou Administração de Empresas, com foco em TI e se especializou em sistemas de gestão de trânsito e transporte, trabalhou por mais de 20 anos nessa área. Em 2000 casou-se com Daniele e juntos, nesse mesmo ano, entenderam a redenção e decidiram seguir Jesus como discípulos.

Em 2006 teve uma epifania após pedir a Deus por mais entendimento; recebeu um chamado para promover avivamento como artista. Escreveu novas peças e ensinou atores e atrizes empregando seu próprio método chamado MAI –Método de Atuação por Intercessão. Co-liderando o Ministério Tecoa Beraca, treinou e preparou artistas, enquanto produzia e dirigia peças e audiovisual. Nesse tempo também ministrou em congressos, oficinas e escolas de arte, ensinando e capacitando artistas sobre arte profética e processos de criação artística.

www.ingramcontent.com/pod-product-compliance
Lightning Source LLC
Chambersburg PA
CBHW021413210526
45463CB00001B/350